波上宮《なみのうえぐう》／沖縄県那覇市
崖の上にそびえる波上宮は、「沖縄の総鎮守」として信仰を集めている。
(→ 86 ページ)

▲
英彦山《ひこざん》／福岡県・大分県
九州最大の修験道の拠点が持つ「パワー」とは？（→ 219 ページ）

◀
悪石島《あくせきじま》／鹿児島県十島村
「仮面神ボゼ」の風習は、悪石島だけに伝わった……。
（→ 38 ページ）

談山神社《たんざんじんじゃ》／奈良県桜井市
留学先の唐から帰国した定慧は、父・藤原鎌足の墓をこの地に移し、十三重塔を建立した。（→ 115 ページ）

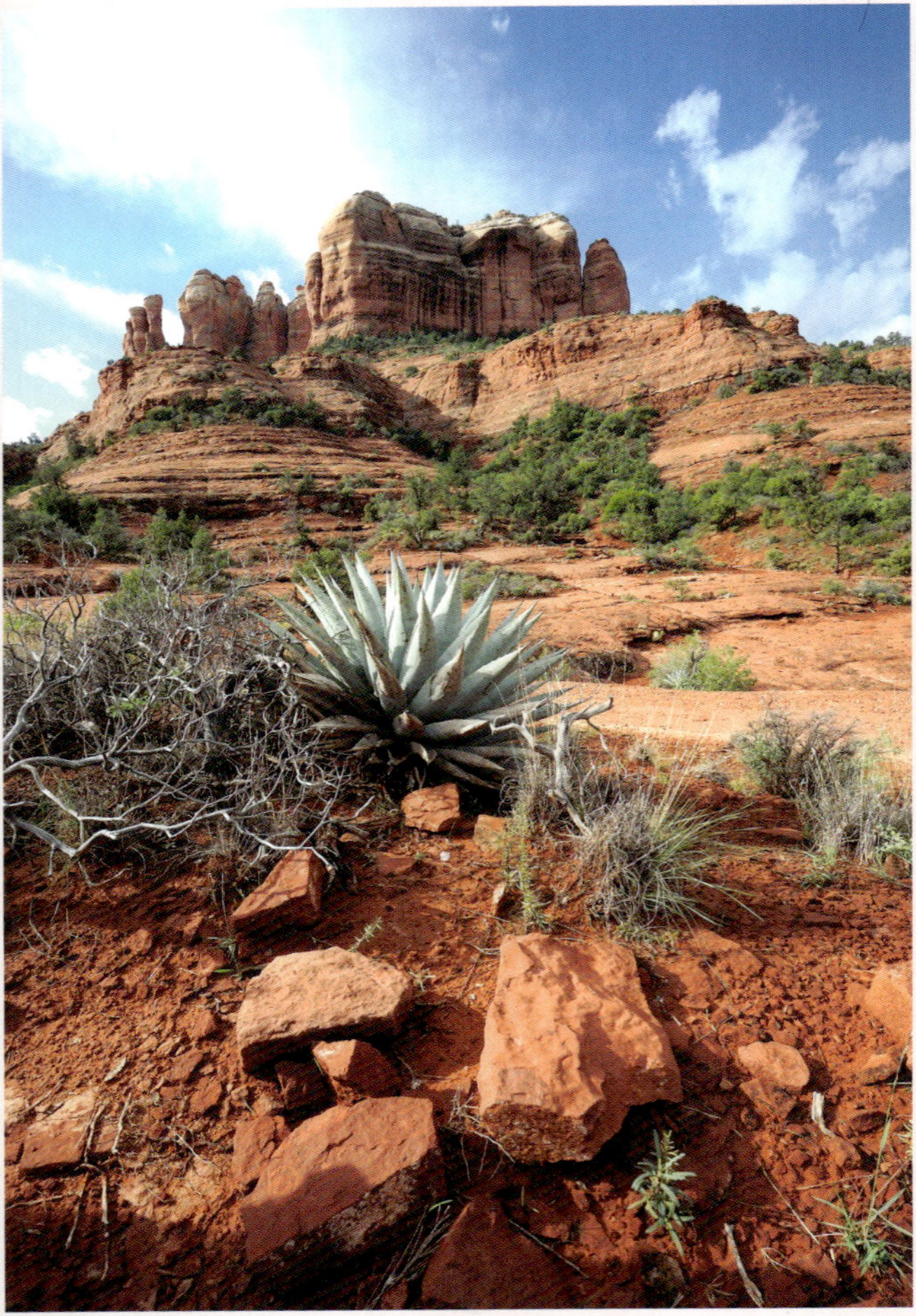

セドナ／アメリカ合衆国
「芸術の町」セドナが、世界的なパワースポットに変貌を遂げた理由とは？
(→ 57 ページ)

青春文庫

誰もが知りたくなる！

パワースポットの幸運ガイド

世界の不思議を楽しむ会［編］

青春出版社

はじめに

近年、注目が高まっている「パワースポット」。その場に立つだけで、心身を癒されたり、神聖さを感じたりする場所のことです。

その効果のほどが話題になるたび、各地のパワーを秘めたスポットに大勢の人が詰めかけてきました。たとえば、日本最古・最大級といってもいいパワースポット・伊勢神宮の場合、かつての参拝者数は年間５００〜６００万人ほどでしたが、２０１３年と２０１４年は１０００万人を突破、２０１７年も約８８０万人の人が訪れています。

ただ、パワースポットはさまざまに話題になるうちに、数を増やしてきているので、「どのスポットに、どんないわれや効果があるのかわからない」という方も多いことと思います。

そこで、この本では、メディアや口コミで「よく効く」とされるパワースポットを網羅し、その地にまつわる歴史的・地理的なエピソードとあわせて紹介しました。

もっとも、パワースポットの効果のほどは、心がかかわる問題だけに、人それぞれという面があります。そこで、本書は「なぜ、そこは神聖な土地とされるのか?」「どうして癒しの場となったのか?」など、その理由を探ることに焦点をあてました。たとえば、「縁結びの神」で知られる出雲大社の謎。高千穂峡が天界と地上界を結ぶ場所といわれる理由。どうして春日大社の鹿は〝神の使い〟になったのか。奇跡の泉ルルドで本当に起きた出来事。〝太平洋の楽園〟ハワイに宿る聖なる力「マナ」とは? という具合です。

この本で紹介したスポットのなかに、「ピンとくる場所」があれば、そこがあなたにとってのパワースポットかもしれません。本書で、「パワースポットの謎と秘密」を楽しみながら、あなたにとっての至高のパワースポットを探していただければ幸いに思います。

2018年3月
世界の不思議を楽しむ会

誰もが知りたくなる！　パワースポットの幸運ガイド——目　次

1　謎と奇跡に彩られたパワースポット案内……15

2 神社とお寺には、こんな力が宿っている……67

4 ヴェールにつつまれた「聖なる山」の伝説……175

◆写真協力　鹿児島県観光連盟、談山神社、春日大社、大峯山寺、矢野建彦、一般財団法人奈良県ビジターズビューロー、伊那市観光協会、戸隠神社、ながの観光コンベンションビューロー、ググっとぐんま写真館、沖縄観光コンベンションビューロー、公益社団法人和歌山県観光連盟、びわこビジターズビューロー、福岡県観光連盟、岡山県観光連盟、秋田県観光連盟、高千穂町観光協会、青森県観光連盟、遠藤徹 / アフロ、Photononstop/ アフロ、山梨勝弘 / アフロ、帆足テルタカ / アフロ、山梨勝弘 / アフロ、北川孝次 / アフロ、山本つねお / アフロ、HEMIS/ アフロ、David Wall/ アフロ、山梨将典 / アフロ、角田展章 / アフロ、山口博之 / アフロ、首藤光一 / アフロ、スタジオサラ / アフロ、robertharding/ アフロ、AGE FOTOSTOCK/ アフロ、高橋暁子 / アフロ、SIME/ アフロ、遠藤紀勝 / アフロ、河口信雄 / アフロ、robertharding/ アフロ、土屋豊 / アフロ、Photononstop/ アフロ、Tarapong Siri/ shutterstock. com
◆ＤＴＰ　フジマックオフィス

1
謎と奇跡に彩られた
パワースポット案内

明治神宮
都内有数のパワースポット「清正井」の由来

東京渋谷区の明治神宮は、大正9年、明治天皇の御霊をまつるために創建された社である。

70万平方メートルの森に11万本もの樹木が植えられ、都心のオアシスとして人々の憩いの場となっている。

その神宮の一角、御苑内にある「清正井《きよまさのいど》」は、都内有数のパワースポットとして注目を集め続けている。「井戸を写真に撮り、スマホの待受画像にすると願いがかなう」という噂も広がった。

清正井は、明治神宮御苑の北側に位置している。拝観料を払って雑木林を歩いていくと、井戸につきあたる。

ただ、井戸といっても、綱を引いて桶を汲み上げるような深いものではなく、

明治神宮の「清正井」は都内有数のパワースポット

石垣に囲まれた池の底に桶が埋め込まれているだけ。そこから毎分約60リットルの水がわき出している。

その井戸は、占いマニアの間では、以前から〝運気アップの場所〟として知られた存在だった。

その後、テレビで紹介されると一気にブレイク。一時は、行列ができるほどの人気スポットになったのである。

井戸の名前にもなっている加藤清正《かとうきよまさ》は、さまざまな伝説をもつ戦国武将。とりわけ有名なのは、豊臣秀吉の朝鮮出兵のさい、虎を退治したと伝えられる〝虎退治〟の逸話だ。

その話は眉唾物ではあるのだが、清正が猛将であり、築城の名手としても知られ、名城・熊本城を造ったのは本当の話。明治神宮の井戸も清正が掘ったとされるが、じっさいのところは不明だ。江戸時代初期、この地に加藤家の下《しも》屋敷があったことから、治水や干拓技術にたけていた清正にちなんで名づけられたものと思われる。

出雲大社
「縁結びの神さま」で知られる古社の歩き方

神々の故郷とよばれる出雲の国。島根県にある出雲大社は、縁結びの神としてあまりに有名な古社である。旧暦10月は全国的には「神無月《かんなづき》」だが、神々が集う出雲だけは「神在月《かみありづき》」と呼ばれることも有名だ。神在月になると、全国から八百《やお》万《よろず》の神々が勢ぞろいして会議を開くという。

祭神は大国主命《おおくにぬしのみこと》。大国主命は、国土開発・国土経営の神で、少彦名神《すくなびこなのかみ》とコンビを組んで諸国をめぐり、農業・医療などの技術指導を行ったほか、「因幡《いなば》の白ウサギ」の話では、傷ついたウサギに身体を癒す方法を教えたやさしい神でもある。仏教の大黒天と結びつき、〝大黒さま〟として人々に親しまれてきた。

記紀によると、大国主命が天照大御神の求めに応じて国をゆずった際、大国主命の功績をたたえて、宮殿が創建され、それが、出雲大社のはじまりとされる。

神域は、宇迦山《うがさん》の麓まで20万平方メートルの広さを誇り、その入り口とされる勢溜《せいだまり》からは300本の見事な松並木がつづく。銅鳥居をくぐると、重さ1500キロの大注連縄をかけた拝殿があり、その奥には天高くそびえる総高24メートルの本殿が鎮座する。

古代はそれよりさらに高く、地上48メートルの〝空中神殿〟だったという説がある。それを裏付ける御柱が2000年に発掘され、実在視されるようになっている。

分杭峠
〝ゼロ磁場地帯〟が奇跡の場所になるまで

「体調がよくなる」「病気が治る」と評判のパワースポットが、長野県伊那市にある分杭峠《ぶんぐいとうげ》。南アルプスの西を走る伊那山脈中の標高1424メートル地点で、下伊那郡大鹿村と伊那市（旧長谷村）の境に位置する。

峠からの眺めは、じつにすばらしい。といって、神社や寺院があるわけではな

特殊な磁場の上にあるとされる「分杭峠」

く、見た目はふつうの道路。だが、そこには「ゼロ磁場」と呼ばれる特殊な磁場があるのだという。

分杭峠に特殊な磁場が生じたのは、この地が日本最長の巨大な断層「中央構造線」の真上にあるからだといわれる。

中央構造線は、西日本を縦断する長さ１０００キロメートルに達する世界最大級の断層で、西は九州から、東は関東山地にまでおよんでいる。その線上に分杭峠があるのだが、それとゼロ磁場とはどういう関係があるのか？

ゼロ磁場とは、Ｎ極とＳ極の磁気がぶつかりあい、互いの力を打ち消し合う磁気の低い場所のこと。中央構造線の地底では、左右から巨大な断層同士が押し合っている。つまり、その地下では、巨大なエネルギーがせめぎあい、二つの力が拮抗《きっこう》して動かない状態になっている。そんな場所に、ゼロ磁場が発生するというのである。

とはいえ、その磁場が体にどんな影響があるのか、科学的には証明されていない。ただ、分杭峠に行ったら、腰痛がウソのように軽くなったとか、病気が治ったという〝奇跡〟が起きているとはいわれる。

そこで、これに目をつけたのが、現地の旧長谷《はせ》村（現在伊那市）。「気の里」として大々的に宣伝し、人気を集めた。村おこしまで成功させた分杭峠の〝パワー〟を、現地で実感してみては、いかが？

戸隠神社
「天の岩戸伝説」の神々が集まった理由

長野県にある戸《と》隠《がくし》山は、標高およそ2000メートル、平安時代から山伏の修験《しゅげん》道場として知られてきた霊山だ。「天《あま》の岩戸《いわと》」が飛んできて山になったという神話が伝えられ、それが戸隠神社のはじまりともされている。

念のため、天の岩戸伝説をおさらいしておくと、その物語は、太陽神・天照大《あまてらすおお》御神《みかみ》が弟須佐之男命《すさのおのみこと》の乱暴ぶりに怒って、天岩戸にかくれたことにはじまる。

神々の世は永遠の夜となり、災いがあふれ、困った他の神々たちは、天照大御神がどうしたら岩戸から出られるか相談。岩戸の前で音楽を鳴らしたり歌をうたって祭りをすれば､気になって岩戸を開けるのでは？――というアイデアを思いつく。

これが、大正解。天鈿女命《あまのうずめのみこと》が舞い踊り、祭りが最高潮に達すると、不思議に思った天照大御神が天岩戸をすこし開いてからチラリとのぞいた。その瞬間、怪力で有名な天手力男命《あまのたぢからおのみこと》が天の岩戸を引き開けて、天照大御神の手をとってお出ましいただいたというお話だ。そのとき、二度とかくれられないように天の岩戸を下界に投げとばして、戸隠山になったという。

この神話によって、戸隠神社の祭神には、天の岩戸伝説ゆかりの神々が名を連ねることになった。

戸隠神社は、奥社、中社《ちゅうしゃ》、宝光社《ほうこうしゃ》、九頭龍社《くずりゅうしゃ》、火之御子社《ひのみこしゃ》の5社からなるが、このうち中社にまつられている天八意思兼命《あめのやごころおもいかねのみこと》は、岩屋の前のお祭りというアイデアを考えた神。知にすぐれた神だけに、学業成就にご利益があるという。

宝光社の天表春命《あめのうわはるのみこと》は、天八意思兼命の御子神で、女性や子供の守り神。また、火之御子社の祭神である天鈿女命は、舞いの名手だけに、芸能全般や習いごとに

「戸隠神社」奥社参道の杉並木

ご利益がある。

怪力パワーで岩戸を開いた天手力男命は、戸隠の中腹にある奥社にまつられている。この社は戸隠神社の本社で、開運、心願成就、五穀豊熟など、御利益もパワフルだ。

九頭龍社は、地主の神で、水の神、縁結びの神、また、虫歯の神さまとして有名だ。

ちなみに、戸隠といえば、そばでも有名だが、名産の戸隠そばは、かつて戸隠神社へ詣でる信者へふるまわれたもの。神社へ参詣する前、参拝した後、そばをつるりとするのもいい。

伊勢神宮1
なぜ、伊勢の地が〝至高の聖地〟に選ばれた？

「一生に一度は行きたいお伊勢さん」と、古くから篤く信仰されてきた伊勢神宮。

ただ、伊勢神宮という呼び方は通称で、正式には「神宮」とだけいう。

中心となる社殿は、豊受大神宮《とようけたいじんぐう》（下宮《げぐう》）と皇大神宮《こうたいじんぐう》（内宮《ないくう》）のふたつ。両宮は「正宮《しょうぐう》」と呼ばれ、そのほかにも、別宮や摂社・末社、所管社が点在し、合計すると125社。それらすべてから成り立つ伊勢神宮は、まさしく日本最大の神社である。

内宮にまつられているのは、皇祖神とされている天照大御神。「天を照らす」と記すとおり、あらゆる命をはぐくむ太陽神である。

一方、下宮にまつられている豊受大御神《とようけおおみかみ》は穀物の神で、天照大御神の食事（大御饌《おおみけ》）をつかさどる神。衣食住をはじめ、あらゆる産業の守り神でもある。

さて、『日本書紀』は、天照大御神が伊勢《いせ》に鎮座した経緯をこう説明している。

当初、大神は宮中にまつられていたが、垂仁《すいにん》天皇の時代、大神をまつるのにふさわしい地を探して巡幸し、伊賀《いが》、近江《おうみ》、美濃《みの》、尾張《おわり》を巡って、伊勢に着いた。

すると、大神が「この国にいたい」と言ったので、その言葉の通りにした。それが伊勢神宮のはじまりとされる。

記述が本当とすれば、天照大御神はずいぶん早い時期から伊勢に祭祀されていたように思えるが、伊勢神宮の創始についてはわからないことも多く、定説もない。

それ以前に疑問なのは、天照大御神をまつったのが、なぜ「伊勢」だったのかという点だ。交通の便がよかったわけでもなく、古代、伊勢の周辺に強力な国があったわけでもない。

これにはいくつかの説が唱えられているが、そのひとつに「方位」を理由にした説がある。伊勢国は大和からみて、太陽がのぼる神聖な方位「東」に位置する。そこで、ヤマト王権は、この地を太陽信仰の霊地と考え、天照大神をまつるようになったという。ただし、天照大御神が祭祀された経緯については、『日本書紀』の記述はアテにならないので、この説が正しいという確証はない。

ただし、経緯はどうであれ、結果的に伊勢神宮が日本神道の中心となったことは確かである。不便な伊勢に立地したことが、かえって、聖地としての〝ムード〟を高めたともいえる。新幹線も飛行機もなかった時代、伊勢は西からも東からも不便な土地だったが、苦労して参れば、その分、ありがたみを増すのが人間心理というものだ。

はるばる参拝に訪れた人々は、五十鈴川《いすずがわ》の清流や豊かな緑に感動し、ご利益に胸をふくらませたことだろう。こうして信仰は途切れることなく続き、伊勢神宮には現在も年間８８０万人（２０１７年）の参拝者が訪れている。

伊勢神宮2 「外宮」と「内宮」はなぜ〝最強の神域〟とされるのか？

前項でも触れたが、伊勢神宮には別宮や摂社末社が多く、月、山、川、風をはじめ、酒、コメ、塩など、さまざまな神をまつっている。いずれも古い歴史を持ち、ご利益は多種多様だ。

いくらページを費やしても、その〝聖なるパワー〟は紹介しきれないが、神宮のなかでも最強の神域とされるのは、「下宮」と「内宮」である。最初に下宮、次に内宮を参拝するという古いならわしに従って、まずは下宮から紹介しよう。

　豊受大御神をまつる下宮は、ＪＲ・近鉄伊勢市駅から徒歩5分。参道の玉砂利を踏みしめながら鳥居をくぐると、古木に囲まれた正宮がある。

　つくりは内宮・下宮ともに、伊勢神宮だけの唯一神明造《ゆいいつしんめいづく》り。ヒノキ造りの素朴で清浄なたたずまいが特徴だ。

　内宮・下宮ともに、まずはもっとも尊い正宮へ参拝する。といっても、ここで私欲に走った願いごとをしてはいけない。正宮は神への挨拶と日々の感謝をささげる場所だからだ。

　古来、神には荒御霊《あらみたま》と和御霊《にきみたま》の二つの側面があると考えられ、伊勢神宮では別々にまつられている。

　和御霊をまつる正宮では、社会の発展や平和など、大きな幸せを祈るにふさわしく、個人的な願いごとは、荒御霊をまつる別宮で祈るのが、お伊勢参りの基本となる。

　下宮の場合、豊受大御神の荒御霊をまつっているのは「多賀宮《たかのみや》」である。そのほか、天照大御神の弟神をまつった「月夜見宮《つきよみのみや》」や、「土宮《つちのみや》」「風宮《かぜのみや》」などの別宮がある。

一方、天照大御神がまつられる内宮は、下宮からおよそ5キロ、バスで15分ほどの位置にある。一の鳥居をくぐり、右手に降りたところは、五十鈴川《いすずがわ》の御手洗場。二の鳥居をくぐると、樹齢数百年の古木がつづき、幻想的な雰囲気につつまれる。天照大御神がまつられる正宮は、さらにその奥、石段をのぼったところにある。

下宮とほぼ同じ、神明造りの正宮は、五重の垣根に囲まれたかやぶき屋根で、じつに簡素。きらびやかな彫刻も、さい銭箱も鈴もない。そのうえ、あまりに尊い場所であるために、正宮の姿を間近に見ることはできない。下宮もそうだが、垣根をへだてて拝むだけなのだ。

その社殿は「式年遷宮《しきねんせんぐう》」によって、20年ごとに建て替えられている。新しい社殿につくり替えることで、神にみずみずしいパワーを発揮してもらうために行われる祭事であり、そのおかげで、神宮はいつ訪れても清潔で、神聖な雰囲気に保たれているのである。

さて、順番は逆になるが、せっかく伊勢を訪れたら、神宮への参拝前に「二見《ふたみ》興玉神社《おきたまじんじゃ》」へ寄ってみるといい。伊勢湾に面した二見浦にある社で、かつては浜参宮と呼ばれ、参拝前にはこの海で禊《みそぎ》をするのが、慣例とされていたからである。

二見浦には、注連縄《しめなわ》で結ばれた「夫婦岩」、またその沖合700メートル先には、祭神・猿田彦大神が降り立ったとされる「興玉神石」がある。遙拝所としても知られ、夫婦岩は、興玉神石と日の出を遙拝する、天然の鳥居の役目を果たしている。

金持神社
金運が上昇するとされるパワースポット

鳥取県日野郡日野町に、金運上昇のパワースポットとして注目を集める神社がある。その名もズバリ「金持神社《かもち》」だ。

縁起のよい名前から、宝くじファンの聖地としても知られ、ジャンボ宝くじなどの発売時期には、一攫千金を夢みる参拝客が当選祈願や商売繁盛を願いに訪れる。

神社の鳥居をくぐり、鳥取県の銘木・チャンチャンやサワラの古木がそびえる階段をのぼっていくと、簡素なつくりの社殿がある。創建は古く801年、祭神として天之常立尊《あめのとこたちのみこと》、八束水臣津努命《やつかみずおみずぬのみこと》、淤美豆奴命《おみずぬのみこと》の3神を祀っている。国土経営や海運、国造りの神さまだ。

金持神社の名は、神社の住所でもある「金持」という地名に由来する。ただし、読み方は「かねもち」ではなく「かもち」。そして、金持の「金」も黄金のことではなく、鉄を意味する。

その昔、この地域はたたらの里と呼ばれ、豊富にとれた砂金を利用して、鉄器の製造が盛んに行われていた。

たたらというのは、もともと鉄を吹くときに使用する「ふいご」のことだが、言葉の意味が広がって、製鉄法や、鉄を精錬する炉、製鉄工場全体のこともそう呼ぶ。

たたら製法でつくられた鋼（玉鋼《たまはがね》）は、この地に黄金にも勝る豊かな財をもたらした。そこで、この一帯では、鉄を「金《かね》」と読み、金持という地名が生まれたと伝えられる。

鉄が出るところを「カナジ」と呼んだことから、「金持」の字があてられたという説もある。

金持という地名は「金持」姓のルーツでもある。その一人が、この地をおさめた豪族、金持景藤《かもちかげふじ》。社伝によると、１３３３年、隠岐を脱出した後醍醐天皇の討幕軍に参加して活躍したとある。戦に立つ前に、金持神社に必勝を祈願したという。

その金持神社では年４回、「財布供養」を行っている。古い財布を炊きあげて供養した後、祈祷した「金運招来、金《かね》の素《もと》」を授けてもらえる。これを新しい財布に入れておくと、金運がアップするとか。

天川村
その神秘の歴史は何を物語るのか

奈良県の天川村《てんかわむら》といえば、風光明媚な自然の宝庫。近畿最高峰の八経ヶ岳や大峰山、弥山《みせん》などの山々に囲まれ、村の4分の1は吉野熊野国立公園に属している。また、大峯山系への登山基地でもあり、観光シーズンには、多くの登山客や、洞川《どうがわ》温泉や天の川温泉を訪れる温泉客でにぎわっている。

その天川村、じつは知る人ぞ知る最強のパワースポットだといわれていることをご存じだろうか？

そもそも、大峯山への信仰は、有史以前から始まるとみられる。その根拠は、縄文・弥生時代の遺跡がほとんど見つかっていないこと。つまり、この一帯は、その時代から、すでに人々の定住を許さない聖域だったと推定できるのだ。

飛鳥時代には、修験道の開祖とされる役行者《えんのぎょうじゃ》が、天川村の弁財天の導きを得て行を達成し、大峯山を開山した。以降、天川村は修験の道場とされてきたのである。

7世紀、壬申の乱に勝利した大海人皇子《おおあまのみこ》も、この天川村にゆかりの人物だった。皇位継承争いで窮地に立たされた皇子は、ヤマト朝廷の守護神である吉野を訪れて祈願したさい、天女の加護を得て戦いに勝利したという。

無事に即位して天武天皇になると、天皇は弥山の麓《ふもと》に神殿を立て、「天の安河の宮」とした。それが、天河大弁財天社のはじまりで、村名の由来になったともされる。

平安時代には、大峯山を参詣する〝御嶽詣《みたけもうで》〟が流行し、宇多天皇や藤原道長も参詣に訪れている。

弘法大師空海《こうぼうたいしくうかい》も、高野山の開山に先立ってこの地で修行を積んでいる。ほかにも、菅原道真、源義経、西行、円空など、村にゆかりの人物は数えればきりがないほどだ。

なお、大峯山系へつづく巡礼の道は、平成16年「紀伊山地の霊場と参詣道」と

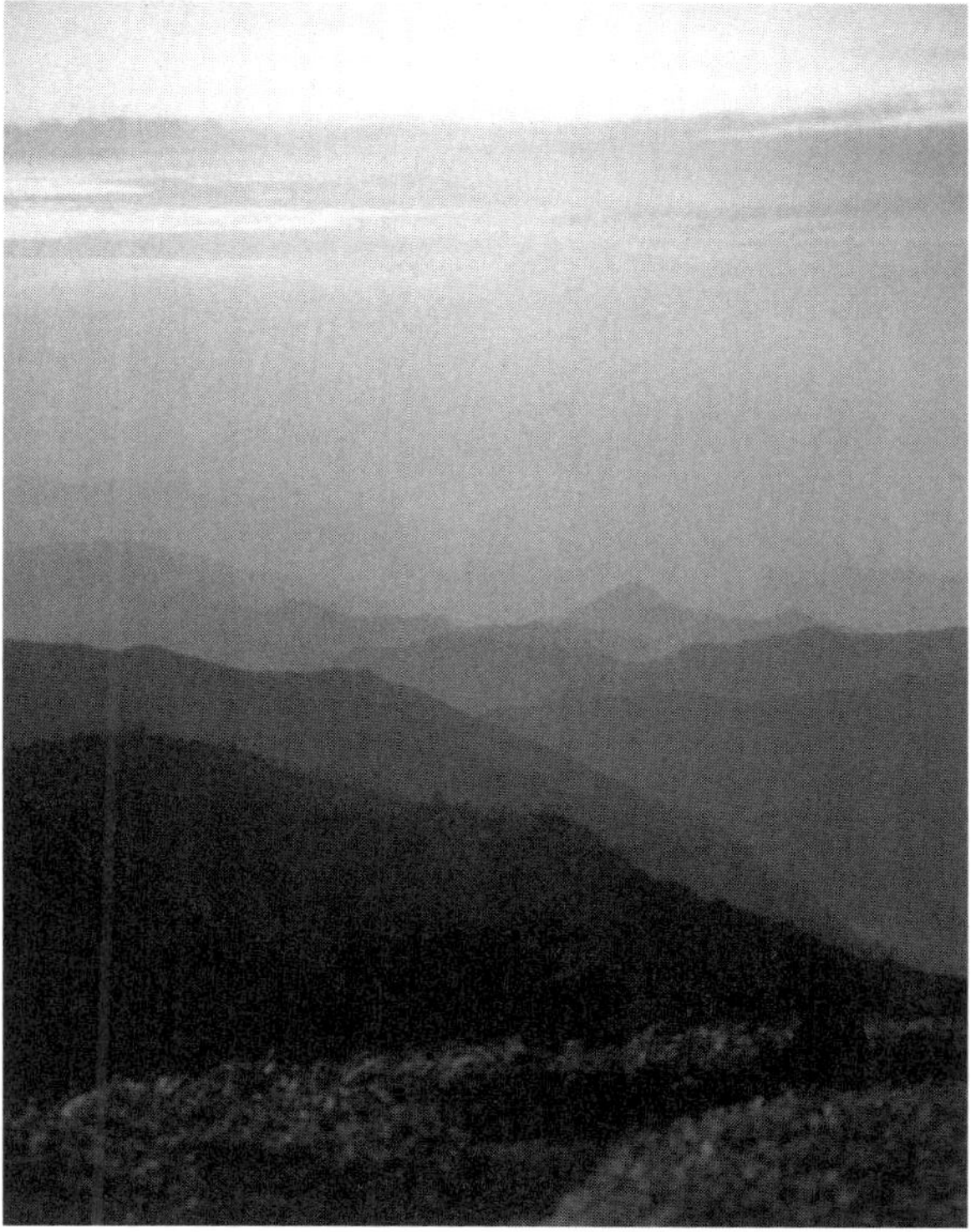

「大峯山」の頂には、神々しい雰囲気が漂う

して世界遺産に登録された。大峯山は標高1719メートル、役行者の開山以来、今も修験者が訪れる修行の地である。

悪石島
独特の風習を育んだトカラ列島の小さな島

鹿児島県のトカラ列島、悪石島《あくせきじま》。この名前を聞いて、「皆既日食」騒動を思い出した人もいるだろう。

2009年7月、今世紀最長の皆既日食が日本でも観測できるとあって、〝天体ショー〟を見物しようと、奄美大島などに人々が押し寄せた。なかでも、人が住む場所のうち、もっとも長く日食を観測できる場所に位置していたのが、悪石島だった。鹿児島から300キロ、絶海の孤島ともいえるこの島内に見学者があふれかえり、悪石島は一気に知名度をあげたのだった。

その後、悪石島はパワースポットとしても注目度を高めることになった。興味

仮面神ボゼの風習をいまに伝える「悪石島」

を集めたのは、この島にしかない「ボゼ」という仮面神の風習である。

ボゼは、神でありながら、化け物の姿をしている。見開かれた目、長くとがった耳、グワッと開いた口は今にも食らいついてきそうだ。

悪石島では、毎年旧暦の7月7～16日に、ボゼの祭りが行われ、ボゼ神は祭りの最終日、クライマックスに登場する。「ボゼが出っどぉ！」のかけ声を合図に、ボゼマラという赤土を塗り込めた棒をもって、人々を追いかけ回すのである。

といっても、ボゼは悪い神ではない。棒を持って追いかけるのは、赤土を人々の体に塗りつけるため。「マラ」からも連想できるように、ボゼマラは男性器の象徴だ。赤土を塗りつけられた女性は子宝に恵まれ、子供たちは健康に育つといわれている。

また、棒を突き出すことで、体のなかに巣くう悪霊を退散させる意味もあるという。ボゼは見た目は悪霊そのものなのだが、じつは島民を救ってくれるありがたい神なのだ。

とはいえ、この特異な神がいつから信仰され、どこから伝えられたものか、まったくわかっていない。パプアニューギニアの祭りの神に似ているともいわれるが、トカラ列島に属する島のなかでも、ボゼの風習が見られるのはこの悪石島だけだ。

ボゼの姿は、たしかに南国風の特徴を備えてはいるが、この小さな島にしか伝えられなかったのは奇妙な話である。

榛名山
切り立った巨岩に囲まれた聖なる地

榛名湖に美しい姿を映す群馬の名峰、榛名山《はるなさん》。その山腹900メートルの森に鎮座するのが、関東屈指の古社・榛名神社だ。

創始は約1400年前とされ、古くから修験道の聖地として信仰を集めてきた。

神社の参道には、現在でも信者のための宿坊が建ち並び、歴史の古さを感じさせる。

榛名神社は、長らく神仏習合の地で、江戸時代には、上野の寛永寺の配下に置かれ、寺が山を管理していたが、明治時代の神仏分離で神社を選択し、独立して現在にいたる。

その名残が、入り口にある重要文化財の随神門《ずいじんもん》だ。もともとは仁王門だったが、仁王はとりのぞかれ、現在は随神が置かれている。

さて、鳥居をくぐり、榛名川の清流を見降ろしながら、参道をのぼっていくと、国指定の天然記念物「矢立杉《やたてすぎ》」が現れる。武田信玄が箕輪《みのわ》城を攻略したさい、参拝矢を立てて戦勝を祈願したと伝えられている古木だ。

さらに、本殿までの最後の砦、双龍門の階段をのぼりきると、朱と黒を基調にした本殿と、その背後に天を突くようにそそり立つ巨岩が目に飛び込んでくる。

榛名神社の特徴は、切り立った巨岩に囲まれていることだ。そのため、誰にもパワーを感じさせる一種異様な雰囲気がただよっているが、なかでも炎が吹きあげたようにそそり立つ御姿岩《みすがたいわ》の迫力は圧巻。岩は本殿と一体化し、岩の空洞にご神体がおさめられているという。

関東屈指の古社「榛名神社」は修験道の聖地だった

この神社にまつられているのは、大地の神である埴山毘売神《はにやまひめのかみ》と、火の神とされる火産霊神《ほむすびのかみ》の2神。

さらに、この神社になくてはならない存在が、修験道の聖地につきものともいえる天狗だ。火の神の眷属《けんぞく》として信仰され、境内にある額殿には天狗の面がまつられている。

大みそかには「天狗祭り」が行われる。祭事は非公開だが、午前零時の開門とともに天狗餅と呼ばれる108個の餅が投げられ、これを拾うと幸運が訪れるという。

なお、参道とは別に、自然道がもうけられているので、帰り道はそちらを選んで歩いてもいい。木漏れ日の差し込む木立のなか、森林浴気分で散策すれば、心身ともにリフレッシュされそうだ。

参拝後は、もうひとつのパワースポット、榛名湖にも立ち寄りたい。美しく豊かな水に願いを込めれば、明日へのエネルギーが沸いてくるはずだ。

大神神社
日本最古のパワースポットといわれる理由

現在、日本にある神社は、およそ8万社。そのなかで、もっとも古い起源をもつとされるのは「大神《おおみわ》神社」だ。そうめんの産地で有名な、奈良県三輪に鎮座する古社である。

信仰されるようになったのは、天孫が降臨するよりも、さらに前だという。『日本書紀』にも、神社の創始は、天皇の登場するさらに前の出来事と記されているのだ。

古代から途切れることなく信仰されてきただけに、この神社は他にはない特色がある。拝むための「拝殿」はあっても、ご神体をまつる「本殿」が存在しないのだ。では、参拝者は何を拝んでいるのかというと、拝殿の背後にたつ三輪山である。つまり、山そのものをご神体とする神社なのだ。

標高476メートル、なだらかな円錐形の三輪山は、縄文・弥生時代から信仰の対象とされてきた。記紀にも、「御諸山《みもろやま》」「美和山」「三諸岳」として、たびたび登場する。山中には、神霊が宿るとされる巨石の「磐座《いわくら》」が点在し、古くはそこで祭祀が行われてきた。

大神神社が祀っているのは、大物主神《おおものぬしのかみ》である。この神は、国造りをした大国主命と同一神。というと、「大国主命は出雲の神さまでは？」と思うかもしれないが、『古事記』には次のような話が登場する。

大国主命は、少彦名神をパートナーにして、出雲で国造りに励んでいたが、国土建設の途中で、少彦名は常世国《とこよのくに》に帰ってしまう。大国主が困っていると、海を照らしながら神がやってきて、「私を祀れば、そなたの国造りに協力しよう」と告げた。

大国主が「どのように祀ればよいのですか？」と尋ねると、その神は「大和の青垣の東の山を祀れ」と言う。それが、三輪山である。

以来、三輪山は、神の魂が鎮まる聖地として、長らく禁足地とされてきた。拝

神の魂が鎮まる聖地「三輪山」

殿と禁足地のあいだは、重要文化財の「三ツ鳥居」で区切られ、通常はこの鳥居越しにしか拝むことはできない。ただし、狭井《さい》神社で申し込みを行えば、三輪山への登拝は可能。お祓いをすませ、許可証となるタスキをかけて山へ登るのだが、撮影は禁止されている。むろん、ゴミ捨ても厳禁だ。

ご利益は、国土開発の神だけに、縁結び、交通安全、厄除け、商売繁盛など、オールマイティ。山頂まで登れば、さらなるパワーを授かれそうである。

富士山を鎮めるためにまつられた女神の伝説
富士山本宮浅間大社

中高年の登山ブームといわれて久しいが、そのなか、あらためて人気が高まっているのは富士山だ。

その富士山を神体山としてまつるのが、全国１３００におよぶ浅間神社の総本宮、富士山本宮浅間大社《せんげんたいしゃ》である。

富士山は、天を突く姿が崇拝の対象となり、神格化されてきた山。だが、浅間神社が置かれたのは、美しい山姿を崇めるためではなかった。噴煙をあげる恐ろしい山を鎮め、天高く噴き出す火を鎮めるために神をまつったのである。

富士山の爆発で国が荒廃したのを憂いた垂仁天皇が、浅間大神をまつったのが浅間神社のはじまりで、現在の場所に社ができたのは大同元年（８０６）のこと。坂上田村麻呂が、現在の場所に社殿を造営して以来、朝廷をはじめ、武家から保護と信仰を受けてきた。

現在の社殿は、慶長９年（１６０４）徳川家康が造営したもの。関ヶ原の戦勝後、寄進したものだ。

ところで、浅間神社には、浅間大神とともに、木花之佐久夜毘売命《このはなのさくやひめのみこと》がまつられているが、この女神がどのような神か、ご存じだろうか？

神話によると、木花之佐久夜毘売命は、天界から降臨した瓊瓊杵尊《ににぎのみこと》と一夜のちぎりを結んで妊娠したが、瓊瓊杵尊は自分の子だと信じようとしない。

そこで女神は、「もしあなたの子でなければ、私は焼け死ぬでしょう」と言って火を放つが、無事に出産して、身の潔白を証明したという。また、この女神はたいへんな美貌の持ち主だったとされ、繁栄をもたらすという。

そして、富士山頂に鎮座する奥宮の主祭神がこの女神だと聞けば、山頂を目指したくなった女性読者もいるのではないだろうか。とはいえ、富士山頂に登るのは、体力がある人にも過酷な道のり。準備万端整えて、のぞむ必要がある。

熊野三山 なぜ「あの世」と「この世」の出入り口とされるのか?

パワースポットと呼ばれる場所に共通するのは、豊かな生命力がみなぎっていること。また、その生命をはぐくむ環境であることだ。

その点、熊野には、パワースポットの要件がすべて備わっている。紀伊半島の温暖な気候に育つ天然林が広がり、山岳でありながら、生命の源、海を見渡せる場所もある。

古代、神との交流は、そのような場所で行われると信じられ、そこから生まれたのが、熊野信仰だった。

熊野三山とは、「熊野本宮大社」「熊野速玉《はやたま》大社」「那智大社」のことで、3社あわせて熊野大社という。

この神社、今では、3社でひとつの信仰世界を形成しているが、もとは生まれも育ちも別。「三山」と呼ばれるようになったのは、平安時代の中ごろからで、互いにそれぞれの主祭神をまつり合って、連携するようになってからだ。

以降、熊野信仰は盛んになり、貴族階級だけでなく、武士や庶民もこぞって訪れた。その行列が蟻のように見えたことから、「蟻の熊野詣で」と呼ばれるほどだった。

ただ、熊野は、もともとは死と関わりの深い地だった。熊野という地名は、死者の霊が鎮まる「隠国《こもりく》」が由来といわれ、あの世とこの世の接点を持つ伝説に彩られている。

たとえば、死んだ妻を追いかけ、黄泉《よみ》まで行った神、伊邪那岐命《いざなぎのみこと》。そのイザナギが葬られたとされるのが、有馬の浜にある「花の窟《いわや》」だ。また大国主命と一緒に国づくりを行った少彦名神は、熊野の御崎から「常世国」へ旅立ったという。

さらに、那智の大滝で有名な妙法山には、「亡者の熊野参り」の伝承もある。死んでまもない亡者の魂は、枕飯（死者の枕元に供える飯）が炊ける間に熊野詣でをするというのだ。

しかし、そのような〝死〟を連想させる場所に、なぜ人々は大挙して訪れたのだろうか。それは熊野が仏教の聖地にもなったからである。

仏教が盛んになるにつれ、神社にまつられている神は、「仏教の仏が仮の姿で現れたもの（権現《ごんげん》）」とする思想、本地垂迹《ほんじすいじゃく》説が生まれた。仏教を広めるさい、いきなりインド生まれの仏を信じろといわれても、日本人にはピンとこない。そこで、昔から親しみのある日本の神の姿を借りて、仏教を普及させようということになったのだ。

その先駆けになったのが、熊野の山。このため、本宮の主神である「家都美御《けつみみ》子神《このおおかみ》」は阿弥陀如来に、新宮の主神「熊野速玉神」は薬師如来に、那智の主神

熊野三山のひとつ「熊野速玉大社」

「熊野牟須美神《くまのむすびのかみ》」は、千手観音の化身ということにされた。

　このように、神と仏が習合した「権現」は、古来の日本の神よりも霊力が強いとされたことから、やがて熊野＝仏のおわす浄土そのものとみなされるようになった。

　なかでも人気だったのが、阿弥陀仏をまつる本宮の「証誠殿」。ここを拝めば極楽へ行けると信じられ、熱狂的に信仰されたのである。

ウルル
アボリジニの聖地に残された精霊の足跡

　オーストラリア大陸のほぼ中央にあるウルル・カタジュタ国立公園には、毎年、数十万人の人が訪れる。日本では、かつては「エアーズロック」という名で知られた場所だが、「エアーズロック」という呼び名は、１８７３年、イギリスの探検家が発見したさい、当時、サウス・オーストラリアの総督だったヘンリー・エ

アボリジニの聖なる土地「ウルル」

アーズにちなんで名付けたもの。先住民のアボリジニは、はるか以前から「ウルル」と呼んでおり、１９８０年代からは「ウルル」が正式名称となっている。

そもそも、ウルルはアボリジニの聖地であり、オーストラリアを代表するパワースポットといえる。

アボリジニの先祖がオーストラリア大陸へやってきたのは、約5万年前とみられている。彼らは独自の文化・思想を作り上げてきたが、その基本は、この世のものはすべて巨大な精霊たちによってつくられたものという考え方である。

たとえば、山や川は、平らな大地を歩いた精霊の足跡であり、ウルルは、泥遊びをしていた2人の少年の残した足跡が、大きな山になったという。そして、遊び終えた少年たちは、アティラという土地を目指して歩いていった。そのときの道順が伝説の中で語られ、じっさい、その通りに歩くと、広大な砂漠の中でも迷わないという。

また、ウルルでは、昔から数々の儀式が行われており、精霊や水場の位置を示す壁画なども残されている。現在も、ウルル周辺に住むアボリジニが、伝統的な生活を営みながら聖地を守っている。

ウルルには登山道があるが、アボリジニの意向を受け、２０１９年から観光客の登山は禁止されることになっている。

セドナ 「芸術の町」が世界的パワースポットに変貌するまで

古い西部劇には、赤い岩山がそびえ立つ荒野がよく出てくるが、多くの場合は、アメリカ南西部、アリゾナ州の風景だ。セドナは、そのアリゾナ州の州都フェニックスから、北に車で2時間ほど行ったところにある。

セドナは、人口1万４００人ほどの小さな町だが、歴史は古く、10世紀から14世紀にかけては、アメリカ先住民の聖地として栄えたという。だが、15世紀に入ると先住民は姿を消してしまい、忘れられた地となる。

白人がはじめてこの地に来るのは１８７６年で、この町が「セドナ」と呼ばれるようになったそれからのことだ。その後、１９４０年代までのセドナは、どこにでもあるようなスモール・タウンのひとつだった。

この町に転機が訪れたのは、１９５０年のこと。超現実主義の画家であるマックス・アーネストらがこの町を紹介し、セドナは「芸術の町」として知られるようになったのだ。

その後、１９８０年代に入ると、さらに大きな転機が訪れる。

その大転機をもたらしたのは、ペイジ・ブライアントという女性である。霊能者の彼女が「セドナには20カ所以上の〝ボルテックス〟がある」と訴えると、人々のセドナを見る目が一変したのだ。

ボルテックスとは「渦巻き」を意味するラテン語から生まれた言葉で、「大地から渦巻きのようにエネルギーが放出される場所」を意味する。このブライアントの「ボルテックス論」によって、セドナは「芸術の町」から「癒しの町」への転換を遂げたのだ。

ボルテックスの癒し効果については、科学的にはなんともいえない。ただ、セドナが「アメリカ最大のパワースポット」として、年間約400万人もの観光客を集めているのは事実である。「ボルテックス」というキーワードに、大きなパワーがあることはたしかといえる。

なお、「癒しの町」として人気のセドナだが、「芸術の町」としての顔も残っていて、この町には現代美術や伝統工芸品を扱うギャラリーやショップが軒を並べている。アメリカでは、多くの芸術家が「どこに住みたいか？」という質問に「パリかセドナ」と答えるというから、セドナには芸術家を引きつける何かがあるのだろう。

シャスタ山
世界から注目を集める聖なる山の〝マジック〟

シャスタ山は、アメリカ合衆国カリフォルニア州の北部、サンフランシスコから車で北へ5時間ほど行ったところにある山。

この山は標高4322メートルの独立峰で、白い雪に覆われた姿や裾野の広いシルエットには、富士山を思わせるものがある。「パワースポット」として神聖視されている点も富士山同様で、シャスタ山は富士山やキリマンジャロなどと並んで、「世界七大聖山」の一つとして、世界中のパワースポットマニアの注目を集めている。

この山が「聖なる山」とされるようになった理由は、いくつかある。

第一には歴史の古さである。「シャスタ」という名は、アメリカ先住民の一部族「シャスタ族」に由来するのだが、アメリカ先住民は「グレートスピリット(大いなる精霊)」によって、この世界に最初につくられた山」として、大昔からこの山を信仰の対象としてきた。

つまり、この山はコロンブスがアメリカ大陸を発見するはるか以前から「聖なる山」とされていたのだ。

第二には劇的な効果である。パワースポットブームの中、この山には毎年、多くの観光客が訪れているのだが、「シャスタに行ったことによって、人生に劇的

シャスタ山は、人生に劇的な変化をもたらすか

な変化が起きた」という証言が多数寄せられているのだ。それらは「シャスタ・マジック」と呼ばれ、数々の「劇的な体験談」が、「シャスタ＝聖なる山」というイメージをよりふくらませていることは間違いない。

第三にはその自然の豊かさが挙げられる。シャスタの周辺は緑が豊かで、滝や湖も多く、その景色や空気には、都会生活によって疲れた心を癒す効果がたしかにありそうだ。

また、シャスタ山の山頂には、巨大なＵＦＯのような形をした渦巻き型のレンズ雲がよく発生する。その光景もじつに神秘的で、そのような自然現象も「聖なる山」ムードを高めているようである。

というわけで、シャスタ山は、さまざまな要素から「聖なる山」とされているのだ。

なお、ナチュラルミネラルウォーターの「クリスタルガイザー」は、このシャスタから採れたもの。カリフォルニアは地球の裏側だが、「聖なる山」の水は日本でも飲むことができる。

ハワイ
"太平洋の楽園"に宿る聖なる力「マナ」とは？

太平洋の楽園、ハワイ。聖なる力「マナ」が溢れるというハワイのパワースポットには、どのようなものがあるのだろうか？

まず、ハワイ諸島最大の島、ハワイ島には、マウナ・ケアとキラウエア火山という2大観光スポットがあるが、この二つはともにハワイアンが聖地として崇拝してきた山だ。

マウナ・ケアは、標高4205メートル。ハワイの最高峰であり、冬には雪が積もるため、その名はハワイ語で「白い山」を意味する。

雪の女神ポリアフが住むといわれ、頂上にはそこが聖地であることを示す「ヘイアウ」が残される。ヘイアウとは、神殿や祭祀場の跡地のことだ。

もうひとつ、標高1248m、キラウエア山の噴火口「ハレマウマウ・クレーター」は、地獄の釜がぱっくり口をあけたようなカルデラに、火の女神ペレが住むとされる。

火の女神ペレは、タヒチから渡ってきた神で、ハワイの人々は、火山の噴火はペレの怒りであると信じてきた。1790年にカメハメハ1世が敵と戦っていたときに噴火し、そのとき敵陣に被害がおよんだことから、カメハメハ1世は火の女神を味方につけたといわれた。

その火の女神は、キラウエアに鎮座する前は、各地を転々とし、その途中に立ち寄ったという伝説が残るのが、オアフ島の東海岸、マカプウ岬にある「ペレの椅子」だ。海を見下ろす岬に飛び出た溶岩で、神はそこで休息したあと、マウイ島やラナイ島へ旅立ったという。

また、ハワイには、パワーストーン、ヒーリングストーンと呼ばれる〝魔法石〟が数多く存在する。

たとえば、ワイキキ・ビーチの交番横のパワーストーンは、柵内に4つの岩が配置されたもの。16世紀、タヒチから来た4人の魔術師が、病気を治す力を4石に乗り移らせたと伝えられる。

一方、ホノルルのはずれ、ワヒアワには、マナが宿る治癒石3体がまつられ、石に触ると病気やケガが治ると信じられている。

このほかにも、数えきれないほどのパワースポットが点在するハワイ。聖地でエネルギーを受けとるには、ご利益ばかりを願うのではなく、自分のなかにある愛や知恵を捧げたうえで、神から霊力や癒しのエネルギーをわけてもらうのが、ハワイ流だという。

2
神社とお寺には、こんな力が宿っている

神社
パワースポットと呼ばれる場所が多いのはなぜ？

パワースポットと一言にいっても、その定義はあいまいである。

たとえば、風水や陰陽道《おんみょうどう》などにもとづいて土地を選び、邪悪なものを封じ込めて、パワーを呼びこむように設計された〝歴史的な〟パワースポットがある。

その一方、訪れた人から「持病がよくなった」「恋人ができた」といった口コミが広がり、過去には何のいわれもなかった場所が、一躍パワースポットとして注目を集めているケースもある。

そんななか、最も多いのは、神社系のパワースポットである。パワースポット関連の書籍や雑誌を見ても、圧倒的なページを神社の紹介が占めている。

なぜ、神社には、パワースポットと呼ばれるところが多いのだろうか？　その理由を探るため、まずは神社のルーツをさかのぼってみよう。

古代の人々は、神の力にあずかるために、神の降臨を願い、まつっていた。そのさい、自然の岩や、常緑樹などを神の御座所、つまり依《よ》り代《しろ》として崇拝していた。岩の御座所は「磐座《いわくら》」、樹木の御座所は「ヒモロギ」と呼ばれ、そこがまつりの対象となったのだ。

まつりは、春や秋など、生活の節目となる時期に行われた。

当初はその都度、祭壇をもうけて神をむかえたが、やがて恒常的に神をまつるための施設がつくられるようになった。それが、神社のはじまりだ。

そのような経緯は、身近な〝森の鎮守〟も同様で、神はひときわ高い樹木に降臨すると考えられていたので、こんもりと茂った森の中に社や祠が設けられることになったのだ。

とはいえ、背の高い樹木など、日本中いたるところにある。そのなかで、神の依り代に選ばれたのは、そこが〝何事か〟を感じさせる場所だったからだろう。

現在、神社のある場所は、そもそも何事かのパワーを感じさせる場所だったのである。

晴明神社
稀代の陰陽師をめぐる世にも不思議な話

フィギュアスケート男子で五輪連覇を成し遂げた羽生結弦選手は、フリー演技では「SEIMEI」を演じた。平安時代の陰陽師安倍晴明をモチーフにしたパフォーマンスである。

その安倍晴明を祀っているのが、京都堀川にある「晴明神社」だ。最近は、京都有数のパワースポットとして注目を浴び、人気を集めている。結婚の相性、子供の姓名、家相などの相談に訪れる人がひきもきらない。

陰陽師は、陰陽道、天文道などを学び、天体の動きを観察して暦をつくったり、物事の吉凶を判断する一種の占い師のこと。晴明は、平安中期に実在した人物で、陰陽寮という朝廷の機関に属する〝国家公務員〟だった。

晴明が歴史の表舞台に登場したのは40歳を過ぎてからのことで、それ以前の経

「晴明神社」は京都有数のパワースポットとされる

歴は謎につつまれている。生まれは摂津、讃岐、常陸などといわれるが、はっきりしない。言い伝えによれば、母親に至っては、人間でさえなく、キツネから生まれたという伝承もある。

たとえば、歌舞伎や浄瑠璃でおなじみの演目『葛の葉』では、助けられた白狐が人間の女性に化けて結婚し、子供をもうけて幸せな年月を送るが、やがて正体が狐であることを知られ、ひっそりと信太《しのだ》の森に姿を消す。この白狐が晴明の母親で、晴明に霊力を授けたという。

成長した晴明は、朱雀《すざく》、村上、冷泉《れいぜい》、円融、花山《かざん》、一条の六人の帝に仕え、時の権力者、藤原道長に重用されて、陰陽道の第一人者となった。そして超能力ともいうべき力を発揮し、数々の奇怪な伝説を残した——ということになっている。

幼い頃から、鳥の言葉を理解したり、鬼が見えたという晴明は、人の前世や未来を見ることができたという。

瀕死の高僧の病気を治したり、算術の道具を並べただけで人々を笑いの発作に陥れ、式神《しきがみ》という精霊をも操った。

晴明神社にほど近い一条戻り橋では、父親の惨殺死体を秘術をもって蘇生させたとも伝えられる。

そんな晴明をまつる晴明神社は、彼が没した寛弘2年（1005）の2年後、一条天皇によって創建されたものである。境内には、悪病難病を平癒させるという「晴明水」のわく井戸があり、この霊水のパワーを求めて、各地から人が訪れている。

なお、晴明のトレードマークである五芒星《ごぼうせい》は、神社の屋根瓦などにも彫られているが、このデザインは、なぜか紀元前10世紀ごろのソロモン王の護符「ソロモンの封印」と同じものだ。

高尾山薬王院
高尾山が持つ「龍脈」のパワーとは？

東京から西に50キロメートル、都心からも一時間ほどで行ける高尾山は、都民の格好のレジャースポット。ミシュランの三つ星観光地に選ばれたこともあって、外国人にも人気の山だ。

標高は599メートル、ケーブルカーやリフトも通じていて気軽に登れる山だが、低山ながらも古くから修験道の道場として知られ、いまも修験者が集まってくる。

山頂にある薬王院は、真言宗智山《ちざん》派の大本山。開山は今から1200年前の天平16年（744）。聖武天皇の命を受けた僧行基によって開かれたという。最初の本尊は薬師如来で、薬王院という名はこの薬師如来にちなんでいる。

それが修験道の山として繁栄するようになったのは、南北朝時代の永和年間。京都から俊源大徳が入山し、不動明王の化身「飯縄権現」を祀ってからのこと。以来、薬師如来、飯縄大権現、不動明王の三尊をまつる霊場となった。

ところで、高尾山がパワースポットとされる理由は、高尾山が富士山と同じ「龍脈《りゅうみゃく》」を持つからだという。もともと東京（江戸）の街は、天海僧正が風水や陰陽道にもとづいて都市設計したものであり、そのなかで高尾山は重要な役割を担っているという。

高尾山と江戸城（今の皇居）を結ぶ直線は「龍脈」と呼ばれ、江戸城は、東京湾から水の力を、富士山から火の力をひきこむ最強のパワースポットに置かれたのだという。

そして、江戸城と富士山の間に位置する高尾山は、富士山のエネルギーを江戸へ伝える中継地点なのだという。

それで、高尾山に登ると、富士山に登ったのと同じパワーを得られるといわれるのだ。

そのパワーにあやかろうとしたのか、戦国時代には、関東侵攻を目指す武田氏、阻止したい小田原北条氏、徳川氏などの戦国大名が高尾山を手に入れようとしのぎを削り、周辺は勢力争いの最前線となった。高尾山は、戦略的にも重要な天然の防衛線だったからだ。

やがて江戸時代に入り、天下太平の時代になってからは、徳川家に庇護され、高尾山は首都圏を代表する霊山となった。

成田山新勝寺
なぜたくさんの参拝客を引き寄せるのか

千葉県成田市の成田山新勝寺は、「成田のお不動さん」として親しまれ、多数の参詣客を集める人気寺院だ。

とくに、正月三が日の混雑ぶりは有名で、首都圏ではテレビで必ず放映されるほど。２０１７年には約３１１万人が訪れ、明治神宮に次いで全国2位の人出を記録した。

成田山は真言宗智山派の大本山で、開山は天慶3年（９４０）。平安時代、平将門の乱が起きた際、乱をしずめるために、朱雀天皇が寛朝大僧正を東国へ遣わしたことを起源とする。

寛朝大僧正は、弘法大師空海が彫刻したという仏像を持して東国へくだり、下総国で不動護摩の儀式を行った。その仏像が、新勝寺の本尊「不動明王像」だ。

「成田山新勝寺」の大本堂

その後、東国鎮護の寺院として創建された新勝寺は、戦国時代にいったん荒廃するが、江戸時代になると、〝聖地〟として人気が爆発。とりわけ、町人が経済力を持つようになった元禄以降、人々はこぞって成田山へ〝ご利益旅〟へと出かけた。

江戸から離れた成田山が、江戸庶民の人気を集めたのは、本尊のほうから江戸にたびたび〝出張〟してきたからだ。「出開帳《でかいちょう》」と呼ばれるもので、それにあわせて、露店や見世物小屋などが出たから、江戸庶民にとっては格好の娯楽となったのである。

成田山新勝寺がはじめて江戸に出開帳を行ったのは、元禄16年（1703）のこと。出開帳の一団は「不動明王」と書いた幟《のぼり》をたて、本尊をおさめた厨子《ずし》のあとに行列をつくり、江戸の目抜き通りを練り歩いたという。それが、人目を引きつけたことはいうまでもない。

さらには、歌舞伎役者の初代市川団十郎が、成田不動尊の宣伝マンを務めた。成田村に近い幡谷村の出身だった団十郎は、「成田屋」を名乗るほど、熱心な成田不動尊の信者であり、『不動尊霊験記』では、自ら不動明王になりきって熱演した。

当時の歌舞伎の花形役者といえば、まさしくスーパースターである。そのスターが、成田不動尊のご利益を熱演したのだから、これほどの有効な宣伝はない。こうして、成田山新勝寺の名は江戸中に広まったのだ。

さて、「祈るところ必ず霊験あり」といわれるように、成田山新勝寺の人気の秘密は、そのご利益にあるのだろう。

本尊の不動明王は、日本では「現世利益」の本尊として、さかんに信仰されてきた仏。怖い顔はしているものの、あの世でなく、この世でいい思いをしたい人にご利益を授けてくださる。

訪れる機会があったら、開山以来続けられているという「お護摩」の祈祷や、釈迦堂での開運厄除けのお祓いを受けるのもおすすめだ。本尊のある大本堂、釈迦堂など、境内の伽藍も見ごたえ充分。広大な境内は自然も豊かなので、じっくり巡拝すれば、消耗しがちなパワーを充電できそうだ。

鹿島神宮

奈良の都にその名がとどろいた理由

茨城県鹿嶋市、利根川北岸の丘陵に鎮座する「鹿島神宮」。関東屈指の古刹《こさつ》として知られ、その起源は古く神代までさかのぼる。

社伝によると、創建は今から２５００年以上も前の紀元前６６０年、神武天皇即位の年とある。

もっとも、あまりに古い時代のことで、詳細は不明。ただ、古い社にふさわしく、境内からは縄文式土器が発掘され、神宮の周辺からは大規模な古墳群が発見されている。

この地は万葉集の時代、防人《さきもり》の出発地でもあった。国土防衛のため、東国の人々が九州の筑紫国（福岡県）に派遣されたのだが、そのさい鹿島神宮にいったん集められ、訓練を受けてから出発したのだ。今も長い旅に出るときに「鹿島立

鹿島神宮の起源は「神代」までさかのぼる

ち」というのは、このことにちなんでいる。

しかし、これほどの古い歴史を持つ神社が、どうしてこの地に残されているのだろうか？

それは、ヤマト王権が律令国家となった時代、この地が東国政策の最前線だったから。東国討伐や開発に腐心したヤマト王権は、鹿島の神の加護を仰いだのである。

鹿島神を分霊した社は茨城県におよそ５００社、関東近県を含めると９００を越え、東北地方へも広がった。

また、常陸国（茨城県）は、藤原氏の先祖・中臣《なかとみ》氏のルーツで、その藤原一族が信仰する氏神が、この鹿島の神だった。藤原氏は、東北から攻めてくる蝦夷と戦って功績をあげ、平城京が造営されたときには、鹿島神を勧請《かんじょう》して、春日大社を創建した。

これによって、鹿島神宮は、奈良の都に華々しくデビューし、その名を中央にもとどろかせることになった。

藤原氏が尊崇した鹿島神「武甕槌大神《たけみかづちのおおかみ》」は、記紀では「国譲り」の交渉を成功させた神として登場する。

天照大御神の命を受けた武甕槌大神は、香取神宮の祭神・経津主神《ふつぬしのかみ》と組んで、大国主神を説得した。

その後、神武天皇の東征のさい、熊野で賊に遭遇した神武天皇を、神剣「布都御魂」を授けて助けたことから、神武天皇がこの神をまつるために、鹿島神宮を創建したという。

このときの剣は、鹿島神宮の神霊として保管されている。

やがて剣神、武神として、武家からあつく信仰された鹿島神宮には、武将とのゆかりを示すものも数多く残されている。そのひとつは、大鳥居をくぐった先にある見事な朱塗りの楼門。これは徳川頼房《よりふさ》が奉納したもので、日本三楼門のひとつに数えられている。

また、本殿と拝殿は徳川2代将軍秀忠が奉納し、奥宮は徳川家康が寄進したもの。いずれも重要文化財である。

秋葉神社

「火伏せの神」と秋葉原の関係とは？

日本には八百万の神がいるとされる。現代人は、縁結びや金運アップなど、現世利益に直結する神に親しみを覚えやすいが、原始の神々は太陽神、水神、風神、雷神など、自然を司る神々だった。

そのひとつ、「火伏せの神」として知られ、庶民のあいだで広く信仰を集めたのが、静岡県に本宮をもつ秋葉神社だ。

南アルプス山脈の南端、天竜川沿いに立つ秋葉山（８６６メートル）は、古くから火除けの神が鎮座する山。その頂上近くにある「秋葉本宮秋葉神社」は、全国の秋葉神社の総本社だ。ご神体は秋葉山そのもので、伝えられる縁起では、奈良時代の僧・行基が開山したとされる。

ＪＲ浜松駅からバスに乗り、１時間40分ほどで到着するのは、秋葉神社の下社。

そこからさらに山を登っていくと、上社の秋葉神社に到着する。

秋葉山は、もともと神仏混淆の霊場で、かつては修験道が盛んだった。じっさい、山を歩いてみると、樹齢５００年を越す杉が生い茂り、今にも山伏が現れそうな幽玄さ。じつは、秋葉山が火伏せの神となったことにも、三尺坊《さんじゃくぼう》という山伏が関係している。

三尺坊は、信濃国に生まれて幼い頃に出家し、越後国で僧侶となった人物で、越後国から白いキツネにのって、この秋葉山に飛んできたという。彼は火伏せの霊力を自由に操り、空を飛びまわった。そこから、「火伏せの天狗」と信じられるようになり、秋葉山本宮秋葉神社は、火難を防ぐ神として信仰されるようになったのだ。

秋葉信仰は、静岡県を中心に東海から関東にかけて広まったが、とりわけ深く信心したのが、火事の多かった江戸の人々。「秋葉講」をつくって参拝し、江戸市中にも秋葉神社を勧請してお参りした。

その名残りは、今も都内に残されている。といえば、勘のいい読者はお気づきだろうが、巨大な電気街・秋葉原である。明治2年(1869)の大火後、政府はこの場所を火除け地として原っぱにし、秋葉神社を勧請《かんじょう》した。秋葉原の地名もこのことにちなむ。

火事に悩まされた江戸庶民がすがる思いで信仰した秋葉神社と、オタクの聖地アキバ。ふたつはまったく関係ないように思えるが、多くの〝信者〟を集めるという意味では共通している。

波上宮
「ニライカナイ信仰」が息づく沖縄の総鎮守

那覇市の沖縄県庁から西北の方向に1キロほど行くと、眼前にエメラルドグリーンの海が広がる崖に出る。そして、その崖の上には「沖縄でもっとも参拝客が多いスポット」といわれる「波上宮《なみのうえぐう》」が建っている。

沖縄本島には「琉球八社」と呼ばれる八つの古社があるが、波上宮はその筆頭とされる神社で、「沖縄の総鎮守」として信仰を集めている。「崖の上」に神社が建てられたのは、こんな伝説によるという。

昔々、沖縄本島南部の南風原《はえばる》村に、崎山の里主という名の男がいた。ある日、里主が釣りをしようと浜辺に出ると、光り輝く不思議な石が里主に声をかけてきた。里主は「ものを言う石とは珍しい。これは霊石に違いない」と考え、その石に「豊漁の祈り」を捧げた。すると、里主の願い通り豊漁となった。

以来、里主はこの石を家宝として大事にするのだが、ある日、神々がやって来て、「石を渡せ」と里主に迫る。

里主は拒んだが、相手は神々、逃げ切れるものではない。それでついに里主は崖の上に追い詰められるのだが、そのとき熊野権現が現れ、里主にこう告げる。

「里主よ、この地に社を建て祀れ。しからば鎮護すべし」

以上が波上宮にまつわる伝説で、これが崖の上に神社が建った由来とされている。ただ、この「伝説が生まれる前から、この地はニライカナイ信仰の聖地、拝所とされていた」ともいわれている。

ニライカナイ信仰は「遠い海の向こうに神々の住む国がある」という沖縄に伝わる信仰。かつて、那覇港に入る船は、この崖を目指してやってきたので、「ニライカナイの神々もこの崖を目指してやってくる」と、昔の人が考えていたとしても不思議ではない。

日光東照宮1
江戸の「鬼門」を封じ込めるための社

関東有数の観光地として知られる栃木県の日光市。日本三大名瀑《めいばく》のひとつである華厳の滝、中禅寺湖、戦場ヶ原などの景勝地が多く、平成11年（1999）には、二荒山《ふたらさん》神社、東照宮、輪王寺の二社一寺が、「日光の社寺」として世界遺産に登録された。

加えて、昨今のパワースポットブームが、日光の人気に拍車をかけている。じっさい、日光は、古くから霊峰として信仰され、修験の聖地でもあった。

その日光山のなかでも、はずすことのできないパワースポットが、日光東照宮である。創建は元和3年（1617）、祀られているのは「東照大権現」、徳川家康だ。

ところが、家康自身は生前、一度も日光を訪れたことがなかった。それなのに、日光に葬られることになったのは、本人の遺志による。家康は、元和2年（1616）4月17日に亡くなるが、それに先立って人を集め、こんな遺言を残したという。

「自分が死んだら、遺体は久能山《くのうざん》に葬り、葬儀は増上寺で行い、三河の大樹寺には位牌を建てて弔い、一周忌が過ぎたら、日光山に小さな社を建てて、神としてまつること」

家康は自分の死後、宗教各派が対立することを恐れた。そのため、神道や仏教の各宗派のバランスを考え、葬儀の役割分担を与えたのだ。

しかし、家康の死後、いったん静岡県の久能山に葬られた遺体は、その翌年には日光に改葬された。これには、幕府の宗教顧問格で、天台宗の僧である天海の力が働いたとみられる。家康から厚く信任されていた天海は、自分が所管する日光山に家康の御霊を遷座させ、自らの立場も盤石にしようとしたのだろう。

もっとも、日光に祀られること自体は、家康自身の遺志によるものだ。北極星を信仰していた家康は、日光の地が、天の中心である北極星と、江戸城を結ぶ線上に位置するため、自分の死後の居場所にふさわしいと考えたとみられる。

さらに、江戸城から見て日光の地は北東、つまり鬼門の方角にあたる。家康は、自ら神となって鬼門を封じ、江戸を護ろうとしたのである。遺言のなかで、家康は「自ら関八州の総鎮守になろう」とも述べている。

なお、現在の日光東照宮の社殿は、3代将軍家光が手がけたもの。これについては次項で紹介しよう。

日光東照宮2
絢爛豪華な装飾には、どのような意味がある？

最初に建てられた日光東照宮は、家康の遺言どおり、簡素なつくりの社だった。

それが現在の形になったのは、3代将軍家光の時代。幼い頃から祖父を尊敬していた家光は、家康の21回忌に間に合うように、大規模な改修工事を行ったのだ。完成したのは1636年。わずか1年5カ月の工期で、当時の建築技術の粋を集め、まばゆいばかりの東照宮を完成させたのだ。

東照宮の見どころは、何と言っても、宮内の各所にほどこされた絢爛豪華な彫刻群である。人物、花鳥、魚、動物、植物など、多種多彩なモチーフの彫刻がいたるところに刻まれ、その数は5000を越す。

有名なものには、左甚五郎作と伝えられる「眠り猫」や、「見ざる、言わざる、聞かざる」の「三猿」などがあるが、ここではパワースポットにふさわしい架空の動物たち＝霊獣に注目してみたい。

神秘的な力をもつとされる霊獣は、神をまつる場を守るのにふさわしいと考えられ、東照宮には龍、麒麟、龍馬《りゅうば》などの霊獣の彫刻がじつに数多く刻まれているのだ。

たとえば、極彩色の陽明門に刻まれる「龍馬」は、顔は龍に似ているが、太いヒゲはなく、胴体は馬で、足には蹄という姿。「飛竜」も、顔は龍に似ているが、空を飛ぶための翼があり、しかし体は魚で尾ビレもある。

えたいの知れない霊獣といえば「息」。これも顔は龍に似ているが、頭のてっぺんには一本のツノがあり、上唇に鼻の穴があいている。イキと読むのかソクと読むのかもよくわからないという謎の怪物だ。

さらに「蜃《しん》」も龍に似ているが、口からカメレオンのように舌を出し、その先端がくるりと巻いているのが特徴。しかし、これは舌ではなく、気を吐く様子を描いたものだという。

そのほか、犀や象、獅子（ライオン）など、実在の動物も描かれているが、実物のライオンやゾウとはほど遠く、じつに怪しげな雰囲気を醸し出している。東照宮には、彫刻と絵画を合わせると、30種類の霊獣がいるというから、探してみるのも面白そうだ。

ちなみに、家康が倹約につとめた武将であったことから、東照宮に参ると、金運を授かれるともいう。

また、日光山内の二荒山神社は、縁結びにご利益のある神がまつられていることから、出会いを求める人におすすめだ。

諏訪大社
「御柱祭」はどういう経緯ではじまった？

信州一大きな湖、諏訪湖。かりんの並木がつづく湖畔の空気はさわやかで、おだやかな湖上にはボートや遊覧船が行き交う。休日には大勢の人出でにぎわう観光地だ。

その諏訪湖を挟むように鎮座するのが、全国の諏訪神社の総本社・諏訪大社である。

諏訪湖の南側には、上社が２つ、北側には下社が２つあり、上社本宮、上社前宮、下社春宮、下社秋宮と合計４つの社からなる。諏訪大社の祭神は〝お諏訪さま〟〝諏訪大明神〟と親しまれる「建《たけ》御《み》名《な》方神《かたのかみ》」。勇ましい軍神、あるいは水神や雨風の神、農耕の神としても広く信仰されてきた。

その諏訪大社に参拝すると、いずれの宮にも御柱《おんばしら》と呼ばれる木が建てられているが、これは6年に1度（数えでは7年）の「御柱祭」で曳き立てられたものである。

御柱祭といえば、命の危険さえともなう奇祭として、全国的にも有名な神事である。

そのあらましは、山から切り出した巨大なモミの木を運び、4つの社の四隅に合計16本の巨木を建てるというもの。祭のクライマックス「木落とし」は、男たちが巨木にまたがり、急な坂を滑り下りるという勇壮な神事である。

巨木を扱うだけに、死傷者を出すことも珍しくはない。

現に2010年5月8日に始まった下社の里曳きでは、社殿の四方に御柱を建てる「建御柱」で、長さ16メートルの「春宮一之御柱」から3人が落下し、2人が亡くなった。

それにしても、命をかけてまで行われてきた神事には、どのような意味があるのだろうか？

じつは、御柱祭がどのような経緯で始まったのか、はっきりしたことはわかっていない。

唯一、『諏訪《すわ》大明神《だいみょうじん》畫詞《えことば》』という書物に、桓武天皇の時代、御柱祭を信濃国の国祭とするという記述が残されているのみだ。

つまり、１２００年前には、すでに行われていたということ。

また、能登半島や長野県内で発掘された縄文遺跡から、巨大な柱を立てた跡が見つかっていることから、縄文時代には、すでに同じような祭りが行われていたと考えられている。

似たような祭りは、ネパールや中国、韓国などのアジア諸国でも見られるもので、そこに共通するのは太陽への信仰と考えられている。

古代、西へ沈んだ太陽は死に、東から新たに生まれた太陽は〝樹木〟をつたって空にのぼると考えられていた。そこから、太陽の巡りを手助けする木を神聖視し、木を建ててまつったことをはじまりとする説が有力だ。

北野天満宮ほか

古都・京都に残る「石」のパワー

古来、さまざまな民族の間で、石には特別な力があるとされてきた。たとえば、中国では、ヒスイに生命再生のパワーが宿ると考えられ、のちには富の象徴とされた。マヤ文明やアステカ文明でも、ヒスイは呪術の道具としてつかわれていた。そうした石の力への〝信仰〟は、1980年代のアメリカで、ヒーリング（癒し）と結びつき、石には癒しの効果があると考えられるようになった。

パワーストーンへの〝信仰〟は、日本にもあり、古都京都には、さまざまなパワーストーンがころがっている。

そのうち、もっとも有名な京都のパワーストーンは、北野天満宮（上京区）の「なで牛」だろう。天満宮では牛を天神様のお使いとし、境内には牛の石像が置かれている。その牛像の頭をなでると頭がよくなるとされ、とりわけ受験生の人気を集めてきた。また、体調の悪いときには、自分の患部と牛の同じ部位を交互になでると回復が早いといわれている。

また、商売に携わる人によく知られているのが、伏見稲荷大社（伏見区）にある「おもかる石」。一対の石灯籠があり、まずどちらかの石灯籠の前で願い事を念じる。次に、石灯籠の空輪（頭）を持ち上げたとき、自分が予想していたよりも軽ければ願いがかない、重ければ願いがかなわないとされている。

地主神社（東山区）には、若い女性の人気を集める「恋占いの石」がある。10メートルほど離れた2つの守護石の間を目を閉じて歩き、無事にたどりつけば、恋がかなうとされている。また、誰かのアドバイスを受けてたどりつけば、恋も誰かの助けが必要とされ、早くたどりつけるほど、恋の成就は早いといわれる。

ちなみに、この恋占いは江戸時代から行われており、2つの守護石は、ともに縄文時代のものであることが確認されている。

その他にも、恋がかなったり、病気が治ったりするという今宮神社（北区）の「阿保賢《あほかし》さん」、またぐと子宝に恵まれるという梅宮大社（右京区）の「またげ石」、妊婦の守り石として「安産石」とも呼ばれる月読神社（西京区）の「月延石《つきのべいし》」、金運向上の御利益があるとされる圓徳院（東山区）の「大黒天」などのパワーストーンがある。

清水寺ほか
古都・京都に残る「水」のパワー

京都は、北、東、西の三方を山に囲まれ、そこから流れ来る良質の水に恵まれてきた。茶の湯、友禅染、湯葉、豆腐、清酒といった京都を代表する文化は、その水の恵みといえる。

現在も、京都では、多くの神社や寺院で、パワーがあるとされる名水を味わうことができる。もっとも有名なのは、清水寺（東山区）の「音羽の滝」である。

3つの筧《かけひ》から流れおちる3筋の水には、それぞれ「学業成就」「恋愛成就」「延命長寿」の御利益があるという。誰でもひしゃくで飲むことができるので、修学旅行生や観光客でいつもにぎわっている。ただし、3筋すべて飲むと御利益はなくなり、2口で飲んだ場合でも御利益は2分の1になるといわれ、もっとも願いの強い1筋の水を1口で飲むのがよいとされている。

祇園祭で知られる八坂神社（東山区）には、「力水（祇園神水）」と呼ばれる水が湧き出している。その水を飲み、同じ境内にある美御前社《うつくしごぜん》に詣でると、美人になるといわれている。美御前社には、宗像《むなかた》三女神（市杵島比売神、多岐理比売神、多岐津比売神）が祀られ、美の神様として若い女性の人気を集めている。

三十三間堂（東山区）には、僧が見た夢のお告げで発見されたという「夜泣き泉」がある。

この泉が夜間に湧きだす音が、すすり泣きの声に似ていることから、この名がついた。いつ頃からか、お地蔵さんが建てられ、このお地蔵さんの前掛けを持ち帰り、子供の枕の下に敷けば、夜泣きが直るといわれてきた。

御香宮《ごこうのみや》神社（伏見区）の「御香水《ごこうすい》」は、名水百選に選ばれ、病気治療に御利益があるとされる名水。平安時代に湧きだし、病気を治すという奇跡をいくつも起こしたことから、当時の清和天皇にちなみ、「御香宮」の名を賜ったという。江戸時代には、徳川家の世継ぎの産湯としても使われた。井戸は明治時代に枯れたが、1982年（昭和57）に復元。いまも病気治療、書道や茶道の上達に効く霊水として、多くの人が汲みにやってくる。

前述したように、平安時代の陰陽師・安倍晴明をまつる晴明神社（上京区）には、悪病・難病に効くという「晴明井」がある。

晴明の念力で湧きだしたと伝えられ、いまも立春に井戸の上部を回転させ、取水口をその年の恵方《えほう》にあわせて吉祥水とする。その井戸には、晴明ならではの五芒星が刻まれている。

貴船神社
今に伝わる「丑の刻参り」とは？

貴船《きふね》川と鞍馬の山に囲まれる美しい里、貴船。夏になると、貴船川の上にスノコを渡し、その上で食事をとる川床料理が人気。京の奥座敷として知られ、お忍びで訪れるカップルも少なくない。

貴船川の清流に立つ貴船神社にも、カップルが参拝する姿をよく見かける。昔から縁結びの御利益があるといわれ、平安時代の女流歌人、和泉式部のエピソードでも知られている。

夫婦仲に思い悩んでいた和泉式部が、貴船の里に舞いとぶホタルに気持ちを託して歌を詠んだところ、貴船の神から「そんなに思い悩むな」という歌が返ってきた。この〝神との交流〟によって、別れそうになっていた夫との復縁がかなったというのだ。

しかし、貴船神社は、夫婦和合の神として霊験があるといわれる一方、祟りをなす神としても恐れられてきた。この神社には本宮、奥宮、結社があるが、このうち川沿いをさかのぼった奥宮は、憎い相手を呪う「丑の刻参り」で有名なのである。

丑の刻参りとは、深夜の2時ごろ、白装束をして頭には鉄輪《かなわ》を逆さに乗せ、ロウソクを3本立てるという異様なスタイルで参拝し、五寸釘でワラ人形を木に打ちつけるというコワーイ儀式。しかも、誰にも見つからず、七晩の間つづけなければならない。

頭に逆さにかぶる鉄輪とは、火鉢の中に置く道具で、鉄の輪っかに三本の足がついたもの。この鉄輪がそのままタイトルになった謡曲『鉄輪』が室町時代に登場すると、貴船神社の丑の刻参りは、一気に知名度を上げたという。

筋書きは、自分を捨てた夫を恨んだ女が、貴船に通って丑の刻参りをする。夫は悪夢に苛《さいな》まれて命を落としかけるが、安倍晴明の祈祷によって救われるというものである。

だが、そもそも貴船神社にとって丑の刻とは、「丑年、丑の月、丑の日、丑の刻」に貴船神社の神が降臨されたといういわれにもとづくもので、本来、神への願いは、嫉妬や憎しみに発したものであってはならない。

にもかかわらず、貴船神社では、今でも参道の大木に五寸釘が打ち込まれることがあるという。

丹生都比売神社
弘法大師を高野山に導いた神をまつる社

高野山の麓、和歌山県伊都郡かつらぎ町天野。万葉集にも詠まれた天野の里に鎮座するのは、世界遺産に登録される古社・丹生都比売《にうつひめ》神社だ。

創建は1700年前といわれ、天平時代に書かれた『丹生大名時祝詞』によると、丹生都比売が紀ノ川流域の三谷に降臨し、紀州や大和をめぐって農耕を広め、この地に鎮まったのが起源だという。

丹生都比売は、天照大御神の妹神で、この地に空海を導いた神とされる。1200年前、密教の根本道場の地を求めていた空海の前に、丹生都比売神が犬を連れた狩人の姿で現れ、高野山へ案内した。この狩人は、神社がまつる四明神のうちの「狩場明神《かりばみょうじん》」である。

また、空海が高野山金剛峯寺を開くさい、神領の一部を寄進したという。そこで空海は、高野山山頂に丹生都比売神社をまつり、以来、この神は真言密教の守護神となった。

さて、丹生都比売とはどのような神なのだろうか。「丹」は朱砂《しゅしゃ》（流砂水銀）からつくられる朱のことで、丹生とは水銀のこと。つまり、丹生都比売は水銀を支配する一族が祀った女神だとされる。

空海が門弟へ与えた遺誡『御遺告《ごゆいごう》』には、「高野山の奥に丹生都比売神という女神が祀られていて、周囲には10町の沢が流れており、人が近づくと身体が傷つく」とある。身体を傷つけるものとは、毒性の強い水銀のことだろう。

当時、水銀は莫大な富を生むものだった。水銀は寺社仏閣の建物に使用する赤い塗料や、仏像に金メッキを施すのに欠かせない原料だったからだ。そのため、水銀を産出する土地は重んじられ、水銀の守護神が祀られたと考えられている。

高野山の麓で水銀が採れたかどうかはわからないが、丹生の神を信仰する氏族が、水銀の生産や流通を支配していたのだろう。

じっさい、丹生都比売神社の鳥居をくぐると、美しい朱色の世界が広がってい

天照大御神の妹神・丹生都比売が、空海を導いた場所？

る。あざやかな朱塗りの太鼓橋、その奥には朱塗りの楼門が構える。橋を渡って神域に入ると、やはり朱に塗られた本殿4殿が立つ。

その昔、莫大な富を生んだ水銀。その神を祀った丹生都比売神社を参拝すれば、金運アップにつながりそうな気がする。だが、意外にも、ご利益は健康運。水銀は、古代のインドや中国では薬として服用され、日本では朱は魔よけの色として用いられてきた。そこから、無病息災、不老長寿の霊験があるといわれている。

多賀大社
「寿命石」にはどんな力があるといわれるのか

日本最古の歴史書『古事記』には、日本国の成り立ちを示す「国造り神話」がつづられているが、この神話にはじめて〝夫婦〟として登場する神が、伊邪那岐《いざなぎの》命《みこと》と伊邪那美命《いざなみのみこと》である。

伊邪那岐命と伊邪那美命は日本列島をつくり、さまざまな神々を生んだ、いわ

「多賀大社」の太鼓橋

ば日本創世のカップルである。妻の伊邪那美命は、火の神を生んだときにヤケドを負って死ぬが、夫の伊邪那岐命は、のちに近江国に天下ったと伝えられる。

その場所に社を祀ったとされるのが、滋賀県にある多賀大社。伊邪那岐命と伊邪那美命の2神をまつるこの神社は、国生みの夫婦神にちなみ、縁結び、夫婦和合、安産祈願の神社として、古くから広く信仰されてきた。

地元では「お多賀さん」の名で親しまれ、中世には「伊勢に7度、出雲に3度、お多賀さんには月参り」といわれるほど、人気を集めた。伊勢や熊野とくらべて交通の便がよかったこともあって、参拝者を増やすことになった。

多賀大社には、秀吉が寄進したという太閤橋（太鼓橋）、堂々たる風格の本殿のほか、商売繁盛の金咲稲荷神社、天満神社、愛宕神社、秋葉神社など、じつに多くの摂社・末社がある。

また、この神社には、「寿命石」と呼ばれるパワーストーンがある。この石をめぐっては鎌倉時代、奈良東大寺の再建を担当した老僧・俊乗坊重源《ちょうげん》にまつわる話が残されている。

東大寺の再建という大役を仰せつかった重源は、そのとき60歳を超えていたが、役目を果たすためには20年は必要だと考え、多賀神社にこもって延命を願ったという。

お籠りに入ってから数日後、重源が境内を歩いていると、石の上に一枚の柏の葉がハラリと落ちてきた。拾いあげてみると、虫食った柏の葉に「莚」の文字が読みとれる。

これを見た重源は、クサカンムリの旧字である「廾」（二十）と、作りの「延」に分けて読み「二十年延命できる」と喜んだという。じっさい、重源は87歳の長寿を授かり、東大寺の再建を果たしたのである。

現在、石の柵に囲まれた寿命石の付近には、参拝客用の祈願の小さな白石がたくさん置かれている。初穂料《はつほりょう》を支払って、石に住所・氏名を書いて祈願すると、願いがかなえられるという。

かつては近江商人がこぞって参拝に訪れていたというから、長寿だけでなく、商売繁盛にもご利益がありそうなお社だ。

筥崎宮
奇祭「玉せせり」の舞台で知られる神社

筥崎宮《はこざきぐう》は福岡市東区箱崎にある神社。「筥崎八幡宮」ともいい、大分県宇佐市の宇佐神宮、京都府八幡市の石清水《いわしみず》八幡宮とともに「日本三大八幡宮」の一つとされているのだが、この神社は「玉せせり」と呼ばれる奇祭の舞台としてもよく知られている。

漢字では「玉競り」と書くのだが、この祭りはその名の通り、直径28㎝、重さ8kgの巨大な玉を300人以上の男たちが奪い合うという激しい祭り。筥崎宮では、室町時代の昔から毎年1月3日、この祭りが行われているのだが、はたしてこの祭りにはどのような意味があるのだろうか？

まずは、玉せせりの式次第を見てみよう。

祭りがはじまるのは、午後1時から。まず、絵馬殿前で「玉洗いの儀」が行わ

「筥崎宮」で繰り広げられる玉せせり

れ、陰陽二つの玉が洗い清められる。ちなみに、この玉は木製で「宝珠」と呼ばれている。

清められた宝珠は玉櫃に収められ、筥崎宮の末社である玉取恵比寿神社に運ばれる。そして、ここでの神事が終わると、陰玉は本殿の神前に移され、ここから陽玉を奪い合うバトルがはじまるのだが、バトル形式は団体戦で、宝珠を競い合う「競り子」は農民中心の「陸組《おかぐみ》」と、漁師を中心とする「浜組」の二組が、ラグビーのように一つの玉を二つのチームが奪い合う。ただ、ラグビーと違ってゴールは一つで、両組とも参道の先にある楼門を目指す。

ようするに、競り子たちは、バトルを繰り広げながら、参道を進んでいくのだが、そのなか、宝珠を奪った競り子が高々と頭上に掲げると、祭りは一気に盛り上がる。

これは、「陽玉を自らの手で頭上にかざすと家門が繁栄し、幸運が授かる」という言い伝えから来たもので、宝珠の奪い合いが加熱するのも、この言い伝えがあるからである。

ともあれ、そうして宝珠は神職の待つ楼門にたどり着くのだが、この祭りでもっとも重要なのは宝珠が神職に手渡されるときである。

この祭りは一年の吉凶を占う儀式であり、陸組の競り子が神職に宝珠を渡すとその年は豊作に、浜組が渡すと大漁になるとされているからだ。

なお、バトルの最中、競り子たちは方々から力水をかけられるのだが、水はたちまち熱気で蒸発し、褌姿の競り子の身体からは湯気が立ちのぼる。

三峰神社
日本武尊とオオカミの伝説の真相は？

神の使いとして現れる動物を「眷属《けんぞく》」というが、関東甲信越の山間部には、ニホンオオカミを眷属として崇める風習が古くから存在する。

とりわけ、埼玉県の奥秩父、標高1100メートルの山頂にある三峰神社は、「山犬（オオカミ）信仰」で知られ、境内を守る狛犬もニホンオオカミを彷彿とさせる精悍な顔つきをしている。

三峰神社には、次のようなオオカミ伝説が残されている。第12代・景行《けいこう》天皇は、皇子である日本武尊に東征を命じた。日本武尊はその命を受けて東国に赴き、甲斐（山梨）、上野《こうずけ》（群馬）を越える。

そして、碓氷《うすい》峠に向かう途中、三峯山に登り、その山頂に伊邪那岐命と伊邪那美命の二神をまつる宮を建てるのだが、そのとき、日本武尊の道案内をしたのがオオカミだったというのである。

つまり、この神社の創始には、オオカミが深く関わっていたのだ。それなら、オオカミを眷属として崇めるのも当然のことといえる。

ただ、この話はあくまでも神話的な伝説であり、「この土地の人々は、昔からオオカミをイノシシなどの害獣から農作物を守るものとして尊んでいたが、それが山犬信仰として確立したのは江戸時代になってから」という説もある。実際、三峰神社で山犬の神札が配られるようになったのは江戸中期からというから、日本武尊とオオカミの伝説も、それ以降に生まれたものかもしれない。

今、この地は「ニホンオオカミの聖地」として人気のスポットとなっているが、むろんニホンオオカミはすでに絶滅していて、この山のどこを探しても、もはやその姿を見ることはできない。

談山神社
不可思議な言い伝えが意味するもの

奈良県の多武峰《とうのみね》に鎮座する談山《たんざん》神社は、藤原鎌足を祭神としてまつっている。春は桜、秋は燃え立つようなもみじの名所として知られ、鳥居をくぐって140段の石段をのぼると、右手に拝殿、左手にはこの神社のシンボルともいえる十三重塔が立っている。

藤原鎌足は中大兄皇子とともに大化の改新を行ったが、二人がはじめて出会ったのは、飛鳥法興寺（飛鳥寺）で行われた蹴鞠会でのこと。それにちなんで、談山神社では、春と秋に蹴鞠会が催されている。

鎌足は大化改新後、大和朝廷の基盤づくりに尽力し、天智天皇8年に没した。当初、鎌足の遺骸は、摂津（大阪府）の阿威山《あいやま》に葬られたが、鎌足の長男・定慧《じょうえ》が留学先の唐から帰国すると、墓を多武峰に移し、墓所のうえに十三重塔を建立した。

改葬したのは、大和平野をみおろす多武峰こそ、父の墓所にふさわしいと考えからだろう。

多武峰は、大化改新の前、中大兄皇子と鎌足が、蘇我入鹿討伐の相談をしたとされる場所なのである。

二人が日本の将来について語りあったという「談《かた》らいの山」は、本殿の裏にある標高566メートルの山である。やがて平安中期には、参拝するための社が創建され、朝廷から「談山権現」の神号をたまわると、広く信仰を集めるようになった。

ところで、談山神社には、鎌足の等身大の木像がご神像としてまつられているが、この神像は、天下の異変を察知すると亀裂が入るといわれている。と同時に、神社の背後にある御破裂山《おはれつやま》も鳴動すると伝えられている。

かつては、神像が破裂した位置や寸法を確認すると朝廷に報告し、知らせを受けた朝廷は、幣帛《へいはく》を奉納して国家鎮護を祈ったという。

その真偽のほどは定かでないが、改革を断行し、大和朝廷の基礎を築いた鎌足は、国家に災いする悪霊の監視役として、没してもなおお睨みをきかせているとされてきたわけだ。朝廷の秩序や権威を保つために、鎌足のパワーを借りたとも考えられる。

拝殿左手にある十三重塔にも、不思議な言い伝えがある。『多武峰縁起』によると、定慧は唐から持ち帰った資材で塔を建てたが、十二重塔にしかならなかった。

それを嘆いていると、激しい嵐が巻き起こり、十三重目が飛んできて、十三重塔が完成したという。

最初の塔は678年に建立されたが焼失し、享禄5年（1532）に再建された。高さは17メートル、木造の十三重塔としては世界唯一のものだ。

熱田神宮
「三種の神器」のひとつがご神体になった理由

名古屋市のほぼ中央、名鉄神宮駅の西側に広がる「熱田《あつた》の森」。この地に鎮座する「熱田神宮」は、古くから「熱田さん」「宮」と呼び親しまれてきた由緒正しい神宮である。江戸時代、この一帯は「宮」という宿場町で、神宮の門前町として栄えてきた歴史をもつ。

社の創建は古く、第12代・景行天皇の時代と伝えられる。主祭神の熱田大神のほか、天照大御神、素戔嗚尊、日本武尊、宮簀媛命《みやずひめのみこと》、建稲種命《たけいなだのみこと》の5神を祀っている。

景行天皇は、実在したかどうかはっきりしないのだが、その息子は日本武尊ということになっている。日本武尊の妻が宮簀媛命で、そのお兄さんが建稲種命。という具合に、この神社には、日本武尊を中心とする神々が祀られている。

そのことは、熱田神宮のご神体とも関係がある。この神社では、三種の神器のひとつ「草薙剣」をご神体としているのである。三種の神器といえば、天孫降臨のさい、天照大神から授けられた鏡・剣・玉であり、歴代天皇が継承する宝物だ。

そのひとつがなぜ、熱田神宮に祀られているのだろうか？

草薙剣は、天叢雲剣《あめのむらくものつるぎ》の別名で、もともとは素盞嗚尊が八岐大蛇《やまたのおろち》を退治したさい、尾から出てきたとされる神剣である。まずは、素盞嗚尊から天照大神に献上され、伊勢神宮におさめられていた。その後、伊勢神宮の斎宮である倭姫命から、東征に向かう日本武尊に手渡されたという。

ところが、東征を終えた日本武尊は、宮簀媛命に草薙剣をあずけ、伊吹山の神々を退治に行った。そこで深手を負い、伊勢で命を落としてしまう。その後も、宮簀媛命は神剣を守っていたが、やがて社にまつることとした。それが、熱田神宮というわけだ。むろん、以上の話は神話であって、真偽のほどは定かではない。

やがて、戦国時代を迎えると、草薙剣をご神体とする熱田神宮は、武将たちから広く信仰を集めることになる。

とくに、尾張の戦国武将、織田信長は厚く尊崇し、桶狭間出陣の際にも必勝祈願の参拝に訪れている。現在も残る「信長塀」は、その戦勝のお礼に奉納したものだ。

このほか、境内には、清雪門、西楽所、龍影閣、佐久間灯籠、二十五丁橋などの歴史的建造物や、刀剣、鏡などが公開されている宝物館がある。

平和な現代人には、武運を祈る必要はないが、立身出世や仕事運アップにご利益があるといわれる熱田神宮。出世を願う人は、ぜひお参りしたいパワースポットである。

松尾大社
霊水の呼び声高い「亀の井」とは?

京都市西京区にある「松尾大社」は、上賀茂・下鴨神社と並んで、京都最古といわれる神社のひとつ。太古の昔、地域一帯の守護神として、松尾山の磐座《いわくら》に神霊を祀ったのがはじまりとされる。

現在の場所に社が創建されたのは、大宝元年（７０１）のこと。朝鮮から移住してきた渡来氏族の秦忌寸都理《はたのいみきとり》が、大山咋神《おおやまくいのかみ》を一族の総氏神としてまつり、現在の場所に社を建てた。

境内には、何段にも積みあげられた酒樽の山があるが、これは全国の酒造業者によって奉納されたもの。松尾大社は、酒の神をまつる神社として、酒造業者や杜氏の人々から厚い信仰を集めてきたのだ。

松尾大社を創建した秦氏は、５世紀頃にこの地に移住し、山城や丹波の開拓事業に従事して農林産業を興したほか、養蚕、機織など、さまざまな分野で技術を発揮し、富を築いた。

その秦一族が得意としていたのが、酒造りだった。

松尾山を背後に控えたこの一帯は、酒に適した良水に恵まれた地。そこへ、秦氏が酒造りの技術を伝えて醸造が盛んになったことから、松尾大社は酒造りの神として信仰されるようになったのだ。

境内の奥には、霊水の呼び声高い「亀の井」がある。亀の口から放出される水を「元水」にして酒に加えると腐らないとされ、今も各地から酒造家が水を汲みに訪れる。浄化パワーとともに、延命長寿やよみがえりの水として有名だ。

春になると、境内の至るところに咲き誇る山吹の花も、じつに見事。3000本もの一重、八重の黄金色の山吹は、大判小判のシンボル。山吹の花を愛でながら、金運アップのご利益にあずかってみてはいかがだろうか。

春日大社
どうして鹿が〝神の使い〟になったのか

奈良市の「春日大社」は、豊かな原生林に恵まれた御蓋山（春日山）の麓、奈良公園の東側にある。全国3000の春日神社の総本社であり、平成10年（1998）には、「古都奈良の文化財」として、春日大社と春日山原始林が世界遺産に登録された。

世界遺産にも登録されている「春日大社」

一之鳥居から長く続く参道、本殿をぐるりと囲むように巡らされた朱塗りの回廊には、さまざまな灯籠が3000基も並ぶ。

年に2回行われる行事「万灯籠」では、そのひとつひとつに明かりがともされ、夜の暗がりに朱色がぼんやり浮かび上がるさまは、神々しいまでの美しさだ。

また、檜皮屋根の本殿・社殿は、清浄な雰囲気をたたえる神域。さらに本殿とほぼ同じ造りの若宮神社は、周辺に15のお社が鎮座していることから、若宮十五社巡りとしてお参りする人が増えている。

そして、もうひとつ、春日大社に欠かせないものといえば、天然記念物に指定される「鹿」である。参道で観光客にエサをねだったり、木陰にのんびり休む鹿の姿は春日大社を代表する風物だが、この鹿たち、ただの鹿ではない。「神鹿《しんろく》」、つまり神の使いなのである。

春日大社の創建は、平城京が造営された1300年前。現在の茨城県・鹿島から「武甕槌命」を勧請し、神護景雲2年（768）に称徳天皇の勅命で藤原永手によってこの地に社殿を造営したのがはじまりだ。そのとき、武甕槌命が白鹿に乗って奈良の地にやってきて以来、鹿は神の使いとされるようになった。

この話が本当かどうかはさておき、その昔、鹿島周辺の森にたくさんの鹿が生息していたことは事実。そこから考えても、藤原氏が鹿島からはるばる鹿を連れてきたことは、あり得ない話ではない。

それにしても、なぜ藤原氏は、遠い茨城の神様を奈良に招いてまつったのか。

一説では、藤原氏一門の祖先が関東の茨城県出身で、彼らの氏神が鹿島の神だったからとされる。藤原氏は、東北の蝦夷を打って名をあげた一門で、奈良の都にデビューできたのも、権力を手にできたのも、鹿島神あってのこと。それで、氏神である鹿島神を奈良に招いたというわけだ。

岩木山神社
「お山かけ」はどのように行われてきたか

津軽の人々に親しまれてきた岩木山。標高1625メートルと青森県でもっとも高く、津軽平野のどこからでも拝むことができることから、「津軽富士」とも呼ばれる。

　この岩木山の麓に、まるで拝むような形で建てられているのが、岩木山神社である。創建は古く、奈良時代の宝亀11年（780）といわれ、岩木山山頂に祠《ほこら》が建てられたのがはじまりとされる。

　平安時代に山麓に社殿が創建され、現在の社殿のほとんどは、江戸初期に再建されたもの。杉木立がつづく参道に楼門と中門があり、奥に拝殿、本殿が立つ。

　さて、津軽地方といえば、夏のねぶた祭りとともに、毎年旧暦の8月1日には「お山参詣」が行われることで知られる。この行事は「お山かけ」とも呼ばれ、岩木山に五穀豊穣と家内安全を祈る津軽最大の秋祭りだ。

　白衣の行者姿になった人々が、深夜に山頂の奥宮に参拝して、ご来光を拝むという儀式で、国の無形民俗文化財に指定されている。

　江戸時代からはじまったというお山参詣は、かつては村落単位で行われていた。旧暦の盆を過ぎると、参拝者たちは各地域の神社に泊まりこみ、精進潔斎の期間を過ごす。そして出発前日には餅をつき、挨拶まわりをしたという。

お山参詣は、初日に向山《むかいやま》、2日目には宵山《よいやま》、3日目には朔日山《ついたちやま》と3日間かけて行われる。向山では岩木山神社に参拝し、宵山では白装束の一行が津軽一円から集結する。境内では、笛や太鼓の登山囃子がにぎやかに演奏され、踊りの輪ができる。

そして、夜の12時を回ると、参拝者たちは、岩木山頂上にある奥宮を目指し、出発。奥宮へ到着すると、神酒をそなえ、持っていった餅で、ご神体をこするのだ。その餅は、護符として持ち帰る。また、下山するときは、お囃子に合わせて「バダラ」と呼ばれる踊りを踊りながら、帰途につく。これが、行事のあらましである。

最近では、ご来光を拝むために登拝する人が増え、一般客向けに「お山参詣」を体験できるツアーも用意されている。山頂までの道のりは、およそ4時間15分。体力と時間に余裕のある人は、ツアーに参加してみると、津軽の名山のパワーを体感することができるだろう。

金閣寺
世界遺産なのになぜ国宝ではないのか？

京都にある寺院のうち、「まず思い浮かぶ寺院は？」と質問されたら、多くの人が「金閣寺」を挙げることだろう。正式には「鹿苑寺《ろくおんじ》」という臨済宗相国寺派の禅寺であり、金箔まばゆい「金閣」は、鹿苑寺内にある舎利殿の通称だ。

その金閣は、鏡湖池の側にたつ楼閣建築。一層目が寝殿造り、二層目が武家造り、三層目が仏殿造りと、3つの異なる建築様式からなっている。

現在、金閣が建つのは、もとは公家の西園寺家の山荘があった場所。そこに1397年、足利3代将軍義満が、出家後の隠居所として「北山殿山荘」を造営した。栄華を極めた義満が、権力と財力にものをいわせて建てた〝オール金箔〟の舎利殿は、創建当初、「西方極楽もかなふべからず」と称賛されたという。

たしかに、鏡湖池に映しだされる金閣の姿は、この世に現れた浄土さながら。

古都京都の世界遺産17件のひとつに選ばれたことも納得の美しさだ。

ところが、この金閣寺、世界遺産にはなっていても、国宝には指定されていない。一方、金閣寺とならび称される「銀閣寺」は、世界遺産に登録され、国宝にも指定されている。なぜ金閣寺は、国宝に指定されていないのだろうか？

その理由は、現在の金閣が昭和になって再建されたものだから。昭和25年7月2日未明、金閣は寺の僧の放火によって焼失した。創建当時の室町時代の部材がことごとく失われてしまったのだ。

いま私たちが目にしている金閣は、火事のあとに図面を見ながら建てられたもの。そのため、創建当初の姿とは異なっているのではないか？　と主張する学者も少なくない。そんなことから、火事のあと、国宝指定が解除されてしまったのである。

その後、再建され、昭和60年の金箔の全面張り替えという工事を経て、金閣はかつての輝きを取り戻している。その努力が評価されて、世界遺産には指定されることになった。

龍安寺
石庭の15個の石が一度に見えないのは？

石庭で有名な寺といえば、京都の龍安寺。日本人だけでなく、海外からの観光客も引きも切らずに訪れる、京都観光の定番スポット。禅の底知れぬ奥行きを感じることができるパワースポットだ。

石庭は、長方形で東西25メートル、奥行き10メートル。その面積はおよそ75坪しかない。西側の油土塀《あぶらどべい》の背を低くするなど、遠近法効果が使われているが、それでも意外なほど、こぢんまりとした庭だ。

その空間に広がるのは、水も木々の緑も一切使わない、石と白砂だけの世界である。波紋が描かれた白砂に、15個の石を置いただけの風景は、見る人によってさまざまな解釈を生み出す。長い時間、石庭にじいっと見入ったままの観光客も少なくない。

たとえば、白砂をさざなみ、石を島に見立て、大海原にうかぶ諸島をあらわす、という解釈もできる。また、十六羅漢の遊行姿、雲海に浮かぶ山々の姿という見方もある。別名「虎の子渡しの庭」とも呼ばれるが、これは中国の故事に由来する名。母虎が3匹の子を連れて川を渡るときの様子だという見立てだ。

もうひとつ、この庭には、いかにも禅寺らしい謎が仕掛けられている。石庭には全部で15個の石が置かれているのだが、どの位置から見ても、別の石に隠されてしまう石があり、どうしても15個すべての石を数えることができないのだ。

どのような意図があって、庭の製作者はそんな仕掛けを施したのだろうか？

龍安寺は、足利8代将軍義政の管領《かんれい》をつとめた細川勝元の創建といわれるが、寺は応仁の乱の時期と、その後もう一度焼失しており、石の配置は創建当初とは異なるとみられる。

したがって、誰が、どのような考えで石を配置したかは不明だが、一説によると、15は満月（十五夜）にも通じ、完全を意味する。しかし、われわれ凡人には、お釈迦様のように、すべてを見通すことはできない、という意味が込められているという。また、そこから、目には見えない15個目の石を「心眼で見よ」という教えが込められているともいう。

苔寺（西芳寺）
なぜ苔が生えてきたのか？

京都市西京区にある「苔寺」こと西芳寺《さいほうじ》は、奈良時代の僧・行基が聖武天皇の勅願で創建したという古刹。その後、いったん衰退したが、鎌倉時代に禅僧・夢《む》想国師《そうこくし》が禅寺として再建した。

臨済宗天竜寺派に属する古寺だが、観光客は、寺の建築物ではなく、境内に広がる美しい苔の庭園を目当てに訪れる。

「苔寺」という通称どおり、1万坪の庭園には120種を超える苔がびっしりと生え、新緑や梅雨の季節はもちろん、他の木々が枯れ果てる冬の間も緑のじゅうたんに覆われている。

庭園は、造りも違えば雰囲気も異なる下段と上段に分かれている。下段は、苔のじゅうたんに覆われた名高い庭で、心字をかたどった黄金池を中心につくられた池泉《ちせん》回遊式庭園。この下段の庭がクローズアップされることが多いが、上段の庭もなかなかのもの。山腹には指東庵があり、風雅な趣に満ちている。

庭を造ったのは、天竜寺も手がけた夢想国師。彼は、庭造りに定評のある人物だったが、「さすが夢想国師。苔の美しさを計算に入れて、庭を造るとは！」と感心するのは気が早い。じつは、国師が庭を造ったとき、境内に苔は生えていなかったのだ。

苔寺の苔は、応仁の乱で寺が荒れ放題になった頃、自然発生的に生えてきたものである。苔は偶然の産物だったというわけだ。

現在、この寺は、地元の静かな環境を守るため、拝観は予約制となっている。希望者は、往復ハガキでの申し込みが必要だが、その代わりに写経や読経を体験できるのが魅力。心をしずめて経典を写せば、気分もリフレッシュ。庭園の見学は、これらの〝儀式〟をすませた後なので、すがすがしさもひとしお、かも。

崇道神社

なぜ平安京の「鬼門」の方角に創建されたのか？

京都市の北東にあたる洛北の地に、早良《さわら》親王をまつる「崇道神社」がある。京都市の北東に位置する「出町柳《でまちやなぎ》駅」から叡山電鉄に乗って11分。「三宅八幡駅」の近くにひっそりと鎮座している。

祭神の早良親王は、都を奈良から京都へ遷した桓武天皇の弟。781年（天応元）、桓武天皇の即位によって皇太子となるが、その4年後、造長岡宮司だった藤原種継暗殺事件に関与したとして皇太子を廃された。さらに、淡路国へ配流という処分が決まると、無実を訴えるために絶食し、配流の途中に息をひきとった。つまり、都が平安京へ遷る前の人物であり、ゆかりの地は奈良に多い。

にもかかわらず、京都に神社が建立されたのは、無念のうちに亡くなった早良親王の霊を慰めるためだった。

早良親王が、じっさいに種継暗殺に関わっていたかどうかはわからない。だが、平安遷都の目的の一つは、東大寺など有力寺社のもつ影響力の排除にあった。逆にいうと、奈良の有力寺社にとって、遷都は許し難いことである。

そこで、長岡京造営の責任者だった種継の暗殺が謀られたわけだが、その首謀者として、東大寺と関係の深かった早良親王が疑われたのである。

一方、早良親王がその嫌疑に抗議して死ぬと、奈良では不吉な出来事が続いた。まず、桓武天皇の第一皇子（のちの平城天皇）が病気となり、皇后と天皇の母が相次いで病死。やがて、無念の死を遂げた早良親王の崇りと噂されるようになり、それに耐えきれなくなったこともあって、桓武天皇は長岡京から都を平安京へ遷した。

さらに、鎮魂の儀式を何度も執り行うと同時に、早良親王には「崇道天皇（歴代天皇には数えられていない）」の号を追贈した。

そして、桓武天皇から6代後の清和天皇の時代になって、早良親王の霊を慰めるために、平安京の鬼門にあたる方角に崇道神社が創建されたのである。

北野天満宮
菅原道真の怨霊を鎮めるために建立された神社

京都の北野天満宮は、京都市民から「天神さん」と親しまれている神社。菅原道真が学問の神様とされるところから、毎年、合格祈願の受験生が多数参拝することで有名だ。

ただ、この神社は、もともと菅原道真の怨霊を鎮めるために建立された神社である。

菅原道真は、藤原氏が権勢をふるっていた平安時代、学者出身の官吏としては異例の出世を遂げ、右大臣にまで昇りつめた。しかし、藤原時平らの謀略によって左遷され、大宰府に流される。そして、京に2度ともどることなく、903年(延喜3)、59歳で亡くなった。

その年の8月、京都では、例年に増して、大雨や落雷が多かった。その後も、天変地異が続くと、やがてそうした異変は道真の祟りではないかと噂されるようになる。さらに、９０8年（延喜8）には、道真の左遷に加担した藤原菅根が事故死し、その翌年は首謀者の時平が39歳で病死。また、醍醐天皇の皇太子が31歳で亡くなると、道真の怨霊の仕業という声がいっそう強まり、宮中の人々は震え上がった。

恐れおののいた醍醐天皇は、道真の肩書を元の右大臣に復活させ、正二位の号を贈って霊をなぐさめようとするが、今度は孫の慶頼親王がわずか5歳で死んでしまう。

その後も、日照りが続き、公家たちが御所で雨乞いについて話し合っていると、突然、雷鳴がとどろき、落雷によって2人の貴族が死亡した。その2人とも、道真の左遷に賛同した者だった。しかも、そのとき、辛うじて命拾いした公家が、落雷の直前、黒い雷雲に乗った道真の姿を見たと証言。この話を聞いた醍醐天皇は、たちまち病床につくと、3カ月後には息をひきとった。

こうした一連の出来事によって、世間の人々は、道真の祟りが雷となって現れたと信じた。このことと、雷を農業神の天神の象徴とする天神信仰と結びついて、のちに道真は天神と呼ばれるようになる。

942年（天慶5）、平安京の右京七条に住む多治比文子《たじひのあやこ》という巫女に、道真から宣託があり、文子は火雷天神をまつる小さな祠をつくった。さらに、その5年後にも、近江国の神官の子である太郎丸という少年が神託を受け、朝廷は北野の地に道真をまつる社殿をつくった。そして、987年（永延元）、初めて勅祭が執り行われ、当時の一条天皇から「北野天満宮天神」の称が贈られることになった。

吉備津神社
鬼の首を封じた桃太郎ゆかりのスポット

岡山市に、桃太郎ゆかりの吉備津神社がある。祭神の吉備津《きびつ》彦命《ひこのみこと》が桃太郎のモデルとされているのだ。

同神社には、次のような伝説が残されている。11代垂仁天皇の時代、温羅《うら》とい

桃太郎伝説と深い繋がりを持つ「吉備津神社」

う鬼が、鬼ノ城《きのじょう》に棲んで略奪を働くなど、地域を荒らしていた。そこで、イサセリヒコ（のちの吉備津彦命）が、犬飼健《たける》、楽々森彦《ささもりひこ》、留玉臣《とめたまおみ》の3人の家来とともに、温羅退治に向かい、吉備の中山に陣を構えて対峙した。

お互い矢を放つが、空中で当たり合って、海中に落ちる。それを見たイサセリヒコが一度に2本の矢を放つと、1本が温羅の目に命中。温羅は姿を変えて逃げるが、イサセリヒコが追いかけて首をはねた。

この功績により、イサセリヒコは、吉備津彦命と名乗るようになったとされるが、岡山県では、この伝説が、イヌ、サル、キジの家来を伴って鬼退治をする桃太郎のおとぎ話になったとして、「桃太郎の発祥地」と名乗っている。

一方、温羅の首は、胴体から切り落とされても、無念のうなり声をあげ続けたという。吉備津彦命は、その祟りを鎮めるため、その首を神社の釜の下に封じ込めたが、それでもうなり声はおさまらなかった。

すると、ある夜、温羅は吉備津彦命の夢に現れて、「私の妻に新撰を炊かせよ。そうすれば世の吉凶を占おう」と告げた。これをきっかけに、米を入れた蒸籠《せいろ》を釜の上に載せ、釜を焚いたときに鳴る音の強弱や長短で吉凶を占うという「鳴釜神事」が始められた。この神事は、約1500年後の今日でも続けられている。

ちなみに、岡山県の吉備地方には、この伝説に由来する場所が点在している。吉備津彦命が陣取った場所が吉備津神社で、お互いの矢が落ちた場所が矢喰宮《やくいのみや》、射抜かれた温羅の目から流れ出た血で染まったのが血吸川《ちすいがわ》、吉備津彦命が鵜になって、鯉に化けた温羅に噛みついた場所が鯉喰《こいくい》神社とされている。

3

島、遺跡……あの場所に
そんな〝由来〟があったのか

久高島
理想郷「ニライカナイ」に最も近い島

久高島《くだかじま》は、沖縄本島南部の知念岬から、東へ約５・３キロの海上に浮かぶ全長約４キロの細長い島。人口は３００人にも満たないが、毎年、３万人以上の観光客が訪れる。

とくに、近年は、理想郷「ニライカナイ」にもっとも近い島として、本土から訪れる若い女性が急増している。彼女たちの最大の目的は、「生まれ変わりの岩」をくぐって、再生誕を体験することである。

伝説によると、この島は、琉球の創世神アマミキヨが降り立って島をつくったところで、この島を基点に国づくりも行われたとされる。アマミキヨの住んでいた神の国がニライカナイであるところから、久高島はニライカナイにもっとも近い島とされるのだ。

琉球の創世神アマミキヨが降り立ってつくった島

そのアマミキヨが最初に降り立ったのがカベール岬で、「生まれ変わりの岩」はこの岬にある。

ただし、岬にたどりついても、看板もなければ、案内所もない。ごつごつとした岩場を右方向へ行ったところに、大きな穴があいていて、その穴が、ちょうど人間の骨盤のような形に広がっているところから、「生まれ変わりの岩」と呼ばれるのである。

その岩の穴には、干潮時でなければ入れない。潮の干満も自分で調べるしかないが、岩穴に入り、「生まれ変わりました」と唱えれば、心が落ち着き、穏やかな気持ちになれるといわれている。

もう一つ、この島を神秘的なものにしてきたのが、「イザイホー」という儀式である。12年ごとに訪れる丑年に行われ、選ばれた女性が、籠りの儀式を経て神女となる就任の儀礼である。

ただ、近年は高齢化が進み、神女の条件に合う女性がいないという理由から、1978年（昭和53）を最後に行われていない。

久米島
美しい島を彩る強力パワースポットとは？

久米島は、沖縄本島から西へ約１００キロの海上に浮かぶ島である。以前から、ダイビングの愛好家には知られた島だったが、プロ野球の東北楽天ゴールデンイーグルスが、この地で春季キャンプを張ってから、広く知られるようになった。最近は、癒しを求めて訪れる女性が増え、「七不思議」といわれるパワースポット巡りが人気を呼んでいる。

この久米島で、もっとも強力なパワースポットといわれるのが「ミーフガー」である。島の北側にあり、風と潮の浸食によって女性器のような形になった奇岩だ。裂かれたように穴が開き、その向こうに大海原が見える。古くから「聖地」とされ、子宝祈願に訪れると御利益があるといわれている。

また、島の東北部、比屋定の海岸に近い松林にあるのが「太陽石（ウテイダイシ)」。直径2メートル、高さ1・2メートルの楕円形で、かつては線や文字がびっしり書き込まれていた。

現在はかなり風化し、数本の線が残るのみだが、その線は太陽の運行と関係があって、四季の変化や気象を観測し、農作業の時期を読み取る基準線となっていたとみられている。

この太陽石の南東2キロの断崖絶壁には、「阿嘉《あが》の髭水《ひじみじ》」と呼ばれる滝がある。落下するにしたがって白いしぶきをあげ、風になびく様子が髭のように見える。その眺めは壮観で、じっと見ているだけでパワーを感じとれるといわれる。

この島には、本土ではめったにお目にかかれない野生のソテツが自生している。なかでも、宇根の喜久村家の庭に自生するソテツは、超巨大。樹齢は250年程度で、高さ8メートル、幹の総数は200にも達する。

巨木の生えるところは、大地のパワーが強いといわれるところから、ここも強力パワースポットとされている。

久米島のミーフガー

大神島
いまだ神秘のヴェールに覆われた謎の島

沖縄本島から南西へ３００キロほどの海域には、８つの島が点在している。「宮古諸島」と呼ばれ、そのうちの最大の島が宮古島である。宮古島は、トライアスロンやダイビングでも知られているが、近年は、癒しを求める訪問者も増えている。

その宮古島から北へ約4キロのところには、より強力なパワースポットがある。古来、「神の宿る島」と呼ばれてきた大神島《おおがみじま》である。

大神島は、周囲3キロ足らず、人口30人ほどの小さな島である。島へは、宮古島から船で約15分。１９３６年（昭和11）頃、海賊が財宝を隠したと噂になり、全国から宝探しの人々が訪れた時期があったというが、戦後は本土から訪れる人といえば、民俗学者やよほどのモノ好きくらいだった。いまも神秘のヴェールに包まれた島であるが、最近のパワースポットブームで、本土から神秘のパワーをもらいに訪れる人がじょじょに増えている。

この大神島は、古くから、周りの島々の人たちによって「神の島」とあがめられてきた。至るところに琉球シャーマン文化の霊場である御嶽《うたき》があり、旅行者は足を踏み入れてはいけないことになっている。

かつて、一周道路の建設が計画されたことがあるが、道路工事が始まると、ブルドーザーの爪は折れ、機械は故障するわで、いったん中断。ルートを変えて再開されたものの、今度は工事関係者や島民が原因不明の病気になるなどの異変が続いた。

結局、「島の聖域にふれたのが悪かった」という島民と、「恐ろしくて、これ以上工事を続けられない」という建設業者の思いが一致して、工事はストップされた。そのため、島を1周するはずだった道路は、途中で行き止まりになっている。

また、訪問者が島の子供に案内され、島で一番高い遠見台に登ろうとしたが、何度トライしても、同じ地点に戻ってしまったという不思議体験も報告されている。

さらに、大神島の「祖神祭」は、秘祭とされ、島外の人は参加できないばかりか、見学することもできない。この祭は、籠り儀式を経た女神役が先祖神として登場し、集落を祓い、清め、豊穣を与えて去っていくという儀式である。

島内は、主要な道路に沿って2時間も歩きまわれば、ほぼ見て回れるが、立ち入り禁止の聖域が多く、そこには立ち入れない。また、宿泊施設はもちろん、食堂や自動販売機もない島なので、訪れるときはよくよく準備のほど。

琉球シャーマン文化の中心施設
斎場御嶽

いまや、沖縄は、日本人にとって、島ぐるみの強力パワースポットといえるだろう。

その沖縄本島でも、もっともパワーの強いところといわれるのが、南城市（旧

「斎場御嶽」は、琉球王朝の神事の場でもあった

知念村）の「斎場御嶽《せいふぁーうたき》」である。

御嶽《うたき》は、琉球信仰で、神が降臨し、鎮座するとされる聖域のこと。琉球シャーマン文化の中心施設である。

南城市は、沖縄本島の南東部に位置し、「ニライカナイ伝説」がたくさん残っている地。沖縄の島々は、その海の向こうの神の国からやってきたアマミキヨによってつくられたとされる。斎場御嶽は、この沖縄の祖アマミキヨが設けた七御嶽の一つとされ、琉球王朝の神事の場でもあった。

琉球王朝時代、神の声が聞けるのは、王の親族の女性だけとされていた。代々、王家の女性が最高神官「聞得大君《きこえのおおきみ》」に就いたが、その就任の儀式も、ここで行われていた。

つまり、斎場御嶽は、癒しの島・沖縄でも、もっとも神聖な場所。ここで、セルフカウンセリングをすれば、心身が浄化され、さまざまなことが好転するといわれている。そのため、訪れる人は絶えず、サンゴ石が積み上げられた久高遥拝所には、いつも線香や金の紙などが供えられている。

その斎場御嶽でも、多くの訪問者が「もっともパワーを感じる」というのが、巨大な2つの岩でできた「三庫理《さんぐーい》」。約1万5000年前の大地震による断層のズレでできたという三角形の洞門の奥に、光が差し込む神秘的というほかはないスポットだ。

なお、斎場御嶽は、2000年（平成12）に世界遺産にも登録されている。

竹生島
琵琶湖に浮かぶ小さい島が〝神の島〟になったワケ

竹生島《ちくぶじま》は、琵琶湖の北部に浮かぶ周囲約2キロの小島。全島が花崗岩の一枚岩でできているとみられ、島の周りはすぐに水深100メートル以上になる。つまり、竹生島は湖底から突き出た岩石タワーのような島なのだ。

古くから「神の島」とされ、島全体が今の言葉でいうパワースポットとされてきた。『平家物語』にも「霊験あらたかな島」と紹介されているように、島の発するパワーは強力といわれ、関西のヒーラーやセラピストを中心に人気は高い。

この島には、弁才天を本尊とする「宝厳寺《ほうごんじ》」と、浅井姫命をまつる都久夫須麻《つくぶすま》神社がある。西国三十三観音霊場の第三十番札所に数えられる宝厳寺は、724年、聖武天皇の夢に天照皇大神が現れ、「竹生島は、弁才天の聖地であるから、寺院を建立せよ」とお告げがあったのをきっかけに建立されたという。江ノ島や厳島《いつくしま》とともに、日本の三大弁才天とされている。弁才天は、インドの水を司る神「サラスヴァティー」でもあり、水には汚れを洗い流す力があることから、宝厳寺の御利益は、人の穢れを祓い、富や名誉、福寿、縁結び、子宝を恵むこととされている。

また、「竹生島神社」とも呼ばれる都久夫須麻神社については、次のような伝説が残っている。多多美比古命《たたみひこのみこと》（伊吹山の神）が、浅井岳（現在の金糞岳）の浅井姫命と高さを競い、負けたことに腹を立て、浅井姫命の首を切り落とした。その首が琵琶湖に落ち、竹生島ができたという。

なお、琵琶湖に面した「龍神拝所」では、土器《かわらけ》投げが人気となっている。素焼

『平家物語』にも登場する霊験あらたかな島

きの小皿に願い事を書いて鳥居に向かって投げ、湖面に突き出た鳥居をくぐれば、願い事がかなうといわれている。

安芸の宮島
弥山、厳島神社…その不思議なパワーとは？

日本三景の一つ、「安芸の宮島」。といえば、厳島神社を思い浮かべる人が多いだろう。潮の満ち干で印象をがらりと変える本殿や大鳥居。まるで竜宮城かと思うほど、厳島神社は独特の趣をもつ。

この神社の歴史は古い。５９３年（推古天皇元）、神託を受けた豪族の佐伯鞍《さえきのくら》職《もと》が、勅許を得て、社殿を創建したことに始まると伝えられる。

現在の社殿は、１１６８年（弘仁２）頃、安芸守として赴任したことがあった平清盛によって造営されたものだ。

また、厳島神社だけでなく、この島全体も、パワー溢れるスポットとみられている。

古くから信仰の対象とされてきたのは、島の中央にそびえる「弥山《みせん》」である。標高530メートルで、806年（大同元）、唐から帰国した空海によって開山されたと伝えられるが、そのはるか前から、神の降りる場所として崇められてきた。

山頂には、自然のなせる業というには奇怪すぎる巨岩が重なり、まるで巨石遺跡のような場所がある。そこから、瀬戸内海を臨む景色は素晴らしく、訪れた人には「心が洗われ、不思議なパワーをもらう」などとブログに書いている人も少なくない。

山頂へは、ロープウェーで終点の獅子岩駅まで行き、そこから山頂まで歩いて30分ほど。途中に、空海が10日間の修行をした弥山本堂があり、その近くには、そのさい、空海が修行に使った火が、1200年以上も消えることなく、燃えつづけているという「消えずの火」など、弥山の七不思議と呼ばれるポイントがある。ちなみに、この消えずの火で沸かした霊水は、万病に効くといわれている。

沖ノ島
玄界灘に浮かぶ無人島が聖地になるまで

福岡県宗像《むなかた》市から沖合へ約60キロ、沖ノ島は玄界灘にポツンと浮かぶ島。周囲約4キロの小さな島で、太古の昔から原生林が生い茂り、海岸には巨岩がつらなっている。

この島の人口はゼロである。ただし、宗像大社の神領・沖津宮《おきつみや》があるため、宗像大社から派遣された神職が交代で島を守っている。

この島は、神話の時代に神が降り立ったとされる「神の島」である。島全体が御神体とされ、古代より神聖な場所として崇められてきた。じっさい、発掘調査によって、23の古代祭祀跡から、約8万点におよぶ祭祀遺物が発見されている。

いまも女人禁制が守られているので、男性向けの強力パワースポットといえる。といっても、現在は男性も女性も一般の上陸は禁止されている。以前は毎年5

月27日に上陸が許されたが、その数は申し込んで当選した200人ほどに制限されていた。

5月27日だけOKだったのは、日本海海戦を記念して現地大祭が行われるからである。1905年（明治38）のこの日、沖津宮の神官に仕えていた男性が、樹上から日露戦争の日本海海戦の様子を目撃した。同海戦の数少ない目撃者であり、沖津宮日誌にはその様子が詳しく綴られている。

上陸が認められていた頃は、福岡県から2日かけて島に向かっていた。まず、船で30分ほどの筑前大島へ寄り、中津宮に参拝して、事前の手続きを受ける。島の民宿に泊まり、全国各地から集まった人たちと交流を深める。

翌朝、再び船に乗り、約2時間揺られると到着するが、上陸前に裸で海に入り、禊の儀式を行う必要がある。その後、鳥居をくぐって本殿に向かう。坂道を登っていくと本殿があり、そこで参拝する。

戦後の発掘調査で、約2万点におよぶ縄文時代、弥生時代の遺物が出土。縄文時代前期には、漁の基地として利用されていたことがわかっている。

女木島
瀬戸内海の小島に〝鬼の住処〟がある理由

『桃太郎』というおとぎ話由来の場所は?——といえば、吉備だんごの地である岡山県を思い浮かべる人が多いだろう。確かに、岡山県には桃太郎伝説が数多く残るが、対岸の香川県にも桃太郎伝説は存在している。ここで紹介するのは、「鬼ヶ島」だったのではないかされる瀬戸内海に浮かぶ小島である。

その島は、高松港から北へ約4キロ、フェリーに乗れば20分のところにある女木島《めぎじま》である。この島が桃太郎の渡った「鬼ヶ島」とされるのは、巨大な大洞窟が残っているからである。そこが、鬼の住処《すみか》だったといわれている。

その大洞窟は、島の中央にある鷲ヶ峰の中腹にあり、奥行きは400メートル、広さは4000平方メートルもある。天然のものではなく、中は迷路状で、紀元前100年頃の弥生時代、人力によって作られたと考えられている。

現在は観光化され、鬼たちが宴を開いた大広間や、奪った財宝を隠しておくための地下倉庫、誘拐してきた婦女子を監禁するための部屋などが設けられ、一番奥の鬼大将の部屋には大きな鬼の像が据えられている。

女木港には「鬼ヶ島おにの館」もオープン。鬼に関する珍しい民具などが展示されている。

玉川温泉
大地の力を実感できる日本最強の湯治場

ストレスやイライラからくる体の不調や、たまりにたまった疲れ。そんな悩みを抱える人に、うってつけのスポットがある。

場所は秋田県。田沢湖に向かって、国道１３４号線沿いを走っていくと、湯治場として名高い玉川温泉にたどり着く。谷間からは、もうもうと湯けむりがたちのぼり、あたりには硫黄臭が漂う。まさしく、地獄の釜といった雰囲気の場所だ。

玉川温泉は、大同元年（806）、焼山《やけやま》の噴火によって誕生したとされる。温泉が発見されたのは江戸時代のことで、そのとき鹿が温泉で傷を癒していたことから、地元の人々からは「鹿の湯」と呼ばれてきた。

以降、温泉地化するまでは、マタギや鉱山夫にしか知られない秘湯だったが、薬効の高さから人気が高まり、現在では年間25万人が訪れる東北地方屈指の湯治場となっている。

むろん、人々のお目当ては、高い薬効をほこる温泉にある。玉川温泉の泉質は、全国でも珍しいPH1・2という強酸性泉。空気中の酸性濃度も高く、そのパワーは、長期にわたって逗留する湯治客の車は、金属腐食が心配されるほど、強烈だ。湯量も多く、毎分9000リットルもの湯がグツグツと湧きだす。ひとつの源泉から湧き出る量としては、日本一を誇る。

そして、名物は「岩盤浴」。岩盤浴といえば、最近ではさまざまな施設で行われているが、玉川温泉はその元祖。天然の岩盤浴を体験できる全国でも珍しいスポットだ。

東北地方屈指の湯治場になった“秘湯”

地熱が伝わる岩場にゴザを敷き、ごろりと横になるのが、玉川ならではの湯治法。体の芯からホクホクあたたまり、効能は頭痛、皮膚病といったものから、ガン細胞の増殖を抑える働きまであるといわれる。

その効果は現代医学では解明されていないが、効果の源は「北投石《ほくとうせき》」によるものといわれている。北投石は、台湾の北投温泉と玉川温泉にしか産出されない鉱物で、天然記念物にも指定されている貴重なもの。鉱物には微量のラジウム放射能が含まれ、それが体の細胞を活性化させ、自然治癒力を高めるというのである。

もちろん、発汗によるデトックス効果は抜群。リフレッシュしたあとは、標高1368メートルの焼山に登って、自然の気を満喫するのもおすすめだ。

室戸岬
空海が修業の場に選んだ2つの洞窟とは？

高知県有数のパワースポットに室戸岬がある。弘法大師こと空海も、青年時代、この地を修行の場に選んだと伝えられている。

室戸岬に近づくと、空海の大きな銅像が立ち、その銅像の近くの国道55号沿いに、空海が修行した2つの洞窟がある。向かって左側が、793年（延暦12）、19歳の空海が暮らしていた御厨人窟《みくろど》で、空海は、この洞窟の中から見た〝空と海の美しさ〟に感銘。「空海」という法名を得たといわれる。いまは、大国主命をまつる五所神社となっている。

向かって右側は、空海が修行の場としていた神明窟である。空海は、ここで修行したさい、明けの明星が口の中に飛び込み、自然と一体となって悟りを開いたと伝えられている。現在は、天照大神をまつる神明宮となっている。

また、留学先の唐から帰国した空海は、807年（大同2）、嵯峨天皇の勅願を得て、室戸岬の樹海の中に最御崎寺《ほつみさきじ》を開く。現在、四国八十八箇所霊場の第24番札所、土佐で最初の札所となっており、多くの重要文化財があるが、そのなかに如意輪観音の石像がある。

唐からもたらされたものといわれるが、大切な仏像をここに納めたのは、空海の室戸に対する思いの強さからだろうとみられている。

樹木におおわれた崖がそのまま海へと続く室戸岬の先端は、風雨や潮風が激しく、人が暮らすのには不向きである。そのため、空海の時代の雰囲気がそのままに残っている。若き日の空海をしのびながら洞窟にお参りすれば、空海も感じた不思議なパワーを体験できるかもしれない。

大湯環状列石
謎のストーンサークルに刻まれた〝聖なる力〟

秋田県北部に「大湯温泉」という静かな温泉場がある。とくに夏場、十和田湖へ向かう観光客でにぎわうが、その大湯温泉から西南3キロのところに、約4000年前の縄文時代後期の遺跡で、直径46メートルという日本最大のストーンサークル、大湯環状列石がある。

ストーンサークルといえば、イギリスの「ストーンヘンジ」が有名で、一説に

「大湯環状列石」がつくられた目的はわかっていない

は地球と宇宙のエネルギーが集まる場所といわれる。それもあって、大湯のストーンサークルも、秋田県を代表するパワースポットとして人気を集めている。

この遺跡は、1931年（昭和5）、耕地整理で水路を掘っていたときに偶然発見された。小さな石を菱形や円形にならべた組石の集合体が、二重の環状に配置されていることがわかったのだ。そして、外輪と内輪の中間帯には、一本の立石を中心に、細長い石が放射状に並び、その外側は川原石で三重、四重に囲まれている。

このストーンサークルが何を目的に作られたのかは、いまも謎だが、その下からは、副葬品が発見されているため、集団墓地とする説が有力となっている。それでも、日時計説や祭祀施設説を主張する専門家もいる。

黒又山の環状列石
なぜ日本の「ピラミッド」といわれるのか？

秋田県の十和田湖の近くにそびえる「黒又山」。地元では、クロマンタと呼ばれるこの山が、じつは日本のピラミッドだといわれていることをご存じだろうか？

この説を早くから唱えたのは、日本のピラミッド研究の先駆者、酒井勝軍という人物。

彼の説によると、本来のピラミッドは、人工的に積み上げるものではなく、自然の山を利用して、その斜面を削ったり、土を盛って三角形に整えたもの。エジプトには山がなかったことから、たまたま石造りになったという。

山を利用した日本のピラミッドは、長い時間のあいだに緑が生い茂り、普通の山と見分けがつかなくなっているが、形の整った「三角山」は、黒又山に限らず、ピラミッドである可能性が高いという。そして酒井は、日本のピラミッドは世界のピラミッドの原始的な姿であり、日本こそピラミッド発祥の地だと主張したのである。

その後、黒又山では、１９９1年から数回にわたって調査が実施され、驚くべき事実が発見されている。レーダーで地中の構造を探査したところ、黒又山の山腹は、階段のように7～10メートル間隔で刻まれていることがわかったのだ。表面からは、その様子をうかがい知ることはできないが、降り積もった腐葉土の下に、明らかに人為的と思われる階段状のピラミッド構造が発見されたというわけだ。また、山頂付近の地中からは、4000年前と思われる縄文式土器も見つかっている。

そして、この縄文式土器と、黒又山の南西2キロ地点にある「大湯《おおゆ》環状列石」と呼ばれる縄文時代の遺物が、同時期のものであることもわかっている。

環状列石というのは、ストーンサークルのことだが、その組石と同じ河原石が、黒又山山頂にある本宮神社の囲炉裏に使用されている。さらに、黒又山周辺には多くの神社があるのだが、それらは山の東西南北に正確に位置している。偶然の配置とは考えにくいのだ。

そうした事実から、古代、黒又山一帯は広大な聖域だったのではないかとも考えられている。

だが、黒又山がピラミッドだったとしても、エジプトやマヤのように、それが王の墓だったのか、天文台なのか、神殿なのか、その目的を示すものは何一つ残っていない。逆に何もわかっていないからこそ、黒又山は人々を惹きつけるのだともいえる。

チカモリ遺跡
縄文人の神域だったウッドサークル

縄文時代の遺跡は、全国で多数発掘されているが、そのなか、強いパワーをもつとされる遺跡に、金沢市西南部のチカモリ遺跡がある。

約3000～4000年前の縄文時代後期の遺跡だが、近年、パワースポットとして注目をされはじめたのは、当時としては珍しい環状列木（ウッドサークル）が発見されているからである。

ウッドサークルが発見されたのは、大規模な発掘調査が行われた1980年（昭和55）のこと。膨大な土器や石器にまじり、多数の木材根が発見された。

調べてみると、それらは穴を掘って立てた柱の地中部分であり、同じ場所から、巨大な木柱を直径約7メートルの環状に規則正しく並べた跡も見つかった。並べられた巨木は、直径約80センチの栗の木を縦に半分に割ったものだった。

さらに、そのウッドサークルの周囲には、付属施設をなすように、何本もの列木が整然と並べられていた。そのウッドサークルが何を意味するかは、いまも謎だが、従来、こうした加工された木材は、弥生時代以降に出現すると考えられていた。それが、このウッドサークルの発見で、縄文時代にも、木材加工の高度な技術が存在したことが明らかになった。

縄文人たちが、この地にそのような遺跡を残したのは、むろんその場所に何か宗教的・霊的なパワーを感じていたからのことだろう。

今、その地に立ち、場の力を感じながら、縄文人の暮らしに思いを馳せてみるのもいいかもしれない。

4
ヴェールにつつまれた「聖なる山」の伝説

霊峰

どうして山にはパワーがあるといわれるのか

わが国では古来、自然界のさまざまな存在が信仰の対象とされてきた。太陽、月、星、巨岩や樹木、そして山も人々の信仰の対象とされてきた。

まず、山は、死者の霊魂が帰っていくところと考えられた。たとえば、現在でも、恐山でイタコが口寄せするのは、そこが死者の寄り来る場所だからである。

こうした「山中他界観」が、やがて仏教と結びつく。世界の中心には須弥山《しゅみせん》という高い山がそびえると説く仏教の世界観と結合して、山中には浄土があるという考えが広まったのだ。やがて、空海が高野山、最澄が比叡山を開いたことで、山岳信仰はいよいよ広まっていった。

また、山頂は神々の住む天に近いことから、神が宿る場所、あるいは降臨の場ともみなされた。たとえば『出雲国風土記』に登場するウヤツベミコという国津《くにつ》神《がみ》が、山の峰に天降ったと伝えられているのも、そうした信仰を背景としている。

さらに、山は、木の実から薪に至るまで、人間にさまざまな恩恵を与えてくれる恵みの場でもある。また、農業の死命を握る川は、源流が山から発するため、山そのものが神であり、その「山の神」によって、さまざまな実りがもたらされるとも考えられるようになった。

こうしたさまざまな信仰が折り重なって、人々は山を畏敬し、より高く、より神々しい山々は信仰の対象とされ、「霊山」「霊峰」と呼ばれるようになる。

なお、日本の山岳信仰は、江戸時代までは神仏習合の形態をとってきたが、明治初期の神仏分離によって、現在ではその多くは神社となっている。

修験道
そもそもどういう宗教なのか

修験道というのは、日本独自に発達した山の宗教である。山には神様が降臨するという山岳信仰をベースとし、それに仏教、道教、陰陽道などの要素が加わりながら確立したと考えられている。

修験道の目的は、おもに2つある。第一には、神の宿る霊山で厳しい修行にとりくみ、超自然的な能力「験力」を得ること。第二には、その能力をもって、病を治したり、日照り続きのときに雨を降らせるなど、衆生を救済することである。

そうした修験道の行者は、修行して験徳《げんとく》を得ることから「修験者」、あるいは山に伏して修行する姿から「山伏」と呼ばれる。

修験道の開祖は、奈良時代の呪者・役行者《えんのぎょうじゃ》とされる。役行者は、大和葛城山の洞窟で修行し、いまでいう超能力である「呪法」を会得。鬼神を操り、空を飛ぶ術を使ったと伝えられる。

平安時代になると、古来の山岳修行が仏教や密教と結びついて、僧侶にも霊山で修行をする者が増えた。たとえば、真言宗醍醐寺（京都市）を開いた聖宝は、吉野の金峯山《きんぷせん》にこもって修行し、醍醐寺三宝院を中心とする修験道「当山派」の祖となった。また、天台宗では、相応が比叡山で回峰行を始め、その後、三井寺

（滋賀県）の増誉が熊野三山検校に任じられたことによって、熊野系の修験者は、三井寺末寺の聖護院（京都市）を中心とする「本山派」を形成していった。

当初の山岳修行は、この熊野と吉野を拠点に行われたとみられている。やがて、羽黒山や日光、伯耆大山など各地の霊山で修行する集団が生まれ、さらに鎌倉時代から南北朝にかけて、それぞれ独自の修行体系が整えられていった。

室町時代になると、修験道の教義や儀礼、組織が整えられ、役行者を正式な開祖とした宗教教団が確立される。そのなかで、修行者は、山中で肉体を酷使した修行や呪術儀式を行い、自然界の超越的な力を得て、即身成仏をめざした。その一方、修行によって獲得された呪術的な能力は、民衆を救う力になると信じられていた。

江戸時代になると、修験者は、幕府によって各地に定住させられ、神社の別当となったり、登山の先達を務めることになった。現代では、吉野山の金峯山寺、京都の聖護院、羽黒山、日光などを拠点に、活動が続けられている。

ちなみに、山伏の姿は、大日如来をかたどったもの。市松模様に染めたすずかけ衣と結袈裟《ゆいげさ》は、金剛界と胎蔵界（いずれも密教で悟りの境地を視覚化したもの）、頭巾は大日如来、数珠や法螺は修験者の成仏過程を現している。また、背負う笈《おい》や貝の緒は、修験者の仏としての再生を願ったものとなっている。

葛城山
役行者が拠点にした修験道の聖地

奈良県御所《ごせ》市の西部には、金剛山地が南北に縦走している。この金剛山地で、ひときわ目を引くのが、標高959メートルの葛城山である。

5月になると、山頂から南側のなだらかな斜面に、真っ赤なツツジが咲きみだれる。その様子は「一目百万本」といわれるほどで、葛城山は赤く染められる。また、秋には山頂一帯をススキが埋め尽くす。四季それぞれに美しい風景と、変化に飛んだ登山コースで、葛城山は登山者やハイカーに人気の癒しスポットとなっている。

5月の「葛城山」はツツジで赤く染められる

そして、この葛城山は、修験道の祖とされる役行者の生まれ故郷であり、最初に山岳修行が行われたパワースポットでもある。

伝えられるところによると、役行者は、634年、大和国葛城上郡茅原（現在の御所市茅原）に生まれた。生誕地とされる場所には、吉祥尊寺が建つ。17歳のとき、日本最初の本格的寺院である法興寺（現在の元興寺）で中国伝来の呪法を学び、故郷の葛城山にこもって山岳修行に打ち込んだという。その結果、鬼神を使う呪術、命令に従わない鬼神は呪術で縛りつけるという能力を身につけた。

あるとき、役行者は、葛城山と金峯山の間に石橋を架けようと思い立ち、諸国の神々を動員した。ところが、葛城山の「一言主神《ひとことぬしのみこと》」は、自らの醜悪な姿を気にして、夜しか働かなかった。そこで、役行者は一言主神が神であるにもかかわらず、折檻した。これに怒った一言主神は、役行者は謀反を企図していると朝廷に訴え、役行者は伊豆大島へ流された。それでも、夜になると、海を渡って富士山へ行き、修行を怠らなかったという。701年、疑いが晴れ、葛城山へ戻った直後に亡くなったとされている。

のちの平安時代に、山岳信仰が盛んになると、役行者は修験道の祖とされるようになる。さらに、修験道の霊場は、ほとんどが彼による開山といわれるほど、多数の宗派や団体と結びつけられていく。

当然ながら、役行者が修行した葛城山も、修験の山として信仰の対象となり、役行者が祀られた葛城天神《かつらぎてんじん》社や、その水を浴びると脳病に効くといわれる櫛羅《くじら》の滝などがある。

高千穂峡
天界と地上界を結ぶ場所といわれる理由

日本神話によれば、高天原の主神天照大御神は、乱れた地上界を治めるため、孫の邇邇芸命《ににぎのみこと》を地上に遣わしたという。この「天孫降臨」が、日本という国の始まりとされる。

その降臨地は「日向の高千穂」とされ、宮崎県の高千穂峡と、宮崎県と鹿児島県の境にそびえる霧島高千穂が候補地とされている。

日向国の風土記によれば、邇邇芸命は旧臼杵郡《うすきぐん》あたりの二上の峰に降り立ったという。しかし、あたりは真っ暗で何も見えず、立ち往生してしまう。そこに里人2人が現れて、「お持ちになっている稲穂から籾《もみ》を取り、四方にまけば、きっと晴れ渡るでしょう」と告げた。それに従うと、空はみるみる明るくなり、日と月が輝き始めたという。

そんな伝説が残ることから、高千穂峡は、天界と地上界を結ぶスピリチュアルなパワースポットとして、近年、人気が高まっている。九州のみならず、京阪神や関東からも、パワーを求める人々が集まってくる。

彼らがかならず立ち寄るのは、天岩戸神社と天安河原《あまのやすがわら》。いずれも、日本神話の中でも、もっとも有名な「岩戸隠れ」に由来するパワースポットだ。

神話によれば、天照大御神は、弟須佐之男命の悪行に腹を立て、岩屋戸に引きこもってしまい、この世が真っ暗になった。さらに、さまざまな災難が続いたので、他の神々は天照大御神を連れ出そうと、策を練った。そして、天鈿女命が天

天孫降臨の舞台「高千穂峡」

香山の植物をタスキとカツラにし、笹の葉の束をもち、岩屋戸の前に桶を伏せ、それを踏み鳴らしながら踊った。

それを見た天界がどよめき、神々が笑うと、天照大御神が岩戸を少し開けて顔を出し、「私が引きこもったことで、天界も地上界も暗闇だというのに、なぜ踊り、他の神々は笑っているのですか」と尋ねた。天鈿女命が「あなた様より高貴な神が現れになりました。それを喜んで踊り、笑っているのです」と答えているうちに、天児屋根命と太玉命が、太陽神の象徴である「御幣の鏡」を差し出して見せると、天照大御神はますます不審に思い、岩戸から出てあたりをうかがった。

そのとき、隠れていた天手力男命が天照大御神の手をとって外へ引き出すと、太玉命は、背後に注連縄をつけ、「もうこの中へ戻ってはなりません」と言った。こうして、天照大御神は、天岩戸から出て天界も地上界も明るくなったという。

多くの観光客が訪れる天岩戸神社は、天照大御神が隠れたという天岩戸を拝むように、岩戸川の対岸にある神社。天安河原は、岩戸川に面した岩屋である。この河原に石を積むと、願いがかなうといわれ、河原にはたくさんの石が積まれている。

白山　2000社もある白山神社の〝ご神体〟

石川、福井、岐阜の3県にまたがる「白山」は、御前峰、剣ヶ峰、大汝峰《おおなんじみね》の3峰の総称。近年、この「白山」がパワースポットとして脚光を浴びているのは、「レイライン」という考え方に由来する。

レイラインとは、「古代遺跡は直線的に並んでいる」という仮説において、遺跡を結ぶ直線ラインのことである。

たとえば、「伊勢神宮、白山、能登の気多《けた》神社は一直線に並んでいる」とか、「富士山、伊勢神宮、白山を結ぶ線が正三角形になる」と言われ、「白山と剣山、白山と富士山、剣山と富士山を結ぶラインが3大レイライン」とされている。

これらの仮説のなかに、「白山」の名が頻繁に登場し、パワースポットとしても注目を集めることになったのである。じっさい、白山市内にある白山比咩《しらやまひめ》神社へお参りする人が増えている。

白山比咩神社は、全国に２０００社以上ある白山神社の総本山で、もともと御神体は白山そのものだった。

地元民に豊富な水を提供してきた白山は、古代から「水神」の籠る山として信仰されてきた。また、加賀や越前の漁師たちからは、航海の神として信仰され、彼らは白山の前を通過するさいには、船を止めて遙拝することを習慣としてきた。

また、白山は、越前出身の泰澄《たいちょう》大師によって、７１７年（養老元）に開山されたと伝えられ、それ以後、修験者の修行道場となると同時に、登拝の場としても信仰されてきた。

現在も、御前峰山頂に奥宮があるが、この白山比咩神社が、とくに縁結びのパワースポットとされているのは、祭神を伊邪那岐、伊邪那美、白山比咩の3神とするからである。神話の世界で、伊邪那岐と伊邪那美は、日本の多くの神々を産みだした夫婦神とされる。ところが、伊邪那美は、迦具土《かぐつち》（火の神）を産んだことで死んでしまう。伊邪那美をうしなって寂しい伊邪那岐は、黄泉の国へ逢いに行ったが、そこで伊邪那美の腐った体を見て逃げだす。それに腹を立てた伊邪那美は、伊邪那岐を呪うようになる。

そのさい、2神の仲を取り持ったのが白山比咩というところから、白山比咩神社の御利益は縁結びとされている。

比叡山1
聖なる霊場に存在する「四大魔所」の謎

京都市街を眼下にのぞむ標高850メートルの「比叡山」。その頂上に、延暦寺がある。

戦国時代、織田信長の手によって焼き打ちされたことは、今さら説明するまでもないだろう。

そこで、この項では、歴史書には載っていない比叡山の〝不思議スポット〟を紹介してみよう。

平安京からみて北東の鬼門に鎮座する延暦寺は、都をまもる守護寺だが、その聖なる山中に、「四大魔所」と呼ばれる妖気ただようスポットが存在するのだ。

第一のスポットは、西塔《さいとう》近くの「狩籠《かりごめ》の丘」。現在は、丘のすぐ横が公園のようになっているので、そこが魔所だと教えられなければ、誰もそうとは気づかない。

その丘の草地には、三角形の3つの石が、それぞれ9メートルほどの間隔に配され、正三角形をなしている。それが、最澄が魑魅魍魎を封じこめたとされる石。荒行で知られる千日回峰行者は、深夜、比叡山の山中を歩きまわるが、ここを通りかかった際には、必ず魔よけの儀式を行うという。

第二のスポットは、東塔近くの「天梯権現祠《てんだいごんげんほこら》」。昔は表参道だったが荒廃し、現在はヒノキがうっそうと茂る薄暗い場所で、天狗が出るという伝承がある。

かつて比叡山には、次郎坊という大天狗が棲んでいて、修行をさまたげる魔物とされていた。呪力の強い僧たちが入山すると、天狗は姿を消したが、この場所

「比叡山」には“不思議スポット”が少なくない

だけは、今もときどき現れると伝えられている。

第三のスポットは、「元三大師《がんざんだいし》御廟」。元三大師とは、比叡山を繁栄に導いた良源上人のことで、その名は良源が正月3日に亡くなったことにちなむ。その良源の墓が「魔所」なのだ。

良源は、自分が死んでも墓の掃除はするなと遺言したため、今も手入れは行われず、草がぼうぼうに生えている。墓のある横川《よかわ》は、比叡山全体の鬼門にあたる。強力な霊力を持っていたと伝えられる良源は、廟に草木が生い茂ってこそ、鬼門を封じることができると考えていたようだ。今も、その霊力で、比叡山を護っているのだろうか。

第四のスポットもまた墓で、東塔にある「慈忍和尚《じにんかしょう》廟」。慈忍は良源の高弟の一人で、延暦寺の座主となった人物。だが、修行に励む一方で、仏教の戒をやぶる「魔道」を行ったといわれる。

良源と慈忍の2つの廟は、畏敬の念とともに、比叡山にとって犯すべからざる〝魔所〟として、いまも受け継がれている。

比叡山2
日本を代表する霊山の七不思議とは？

1200年前、最澄によって開かれた比叡山。天台宗の最高学問所であり、修行の場でもあるが、庶民にも信仰されるうち、「比叡山の七不思議」が生まれた。いずれもたわいない話だが、比叡山が庶民に親しまれていたことをよく表すものだ。

①「麗人の水垢離」、②「南光坊のなすび婆」、③「船坂の靄船《もやぶね》」は、すべて女性の幽霊が出るという話。

①は、その昔、根本中堂から坂を下った五智院に納められていた位牌が、毎晩カタカタ鳴るという怪奇現象が起きたので、小僧が音のあとをつけると、谷で美しい女性が水垢離をしていた。

僧といえども、男である。つい覗き見していたら、「位牌は私のもので、来世で極楽が約束されると教えられたので、今は魂を山に預けて修行中の身。面白半分で覗かないで」と声が聞こえた。バツが悪くなった小僧は、あわてて寺に逃げ帰ったというお話だ。

②は、東塔の南光坊に住むなすび色の顔をした女の幽霊の話。800年前、誤って殺人を犯して地獄に落とされたが、生前は信心深かったため、心は比叡山に住むことを許されたという。

③は、比叡山に思いを残して死んだ女性たちが、深いもやの立ちこめるなか、船に乗ってやってくるという。大挙して押し寄せる様子を見たものは、腰を抜かしたという。

④の「一文字狸《たぬき》」、⑤の「赤池の蛇」は、〝生きモノ系〟の言い伝え。④は、たぬきの像ばかり彫っていた妙な坊さんの前に、一文字の眉毛をした巨大な白たぬきが現れ、「ただ彫ったってダメだ。仏道修行を祈って、千体のたぬきを彫りなさい」と説教を垂れたという話。この千体のたぬき像は、信長の焼き打ちで焼けてしまったとか。

⑤は、現在はどこにあるかわかっていないが、赤池という池で悪さをしていた

大蛇を、僧侶がトンチで退治したという言い伝え。

⑥「総持坊の一つ目小僧」は、前項「四大魔所」でも触れた高僧、慈忍和尚が一つ目小僧になってあらわれるという伝承。修行に熱心だった慈忍は死後もなお、一つ目の幽霊となって、修行を忘れた坊主を監視して、次々と下山させたといわれている。

⑦「六道踊り」は、横川から4キロほどの場所に、豊臣秀吉の側室、淀が建立した観音堂があった。あるとき、このお堂で盛大な法要を行ったところ、地獄、餓鬼、畜生、修羅、人間、天上の「六道」の亡者たちが浮かれて出てきて、踊りを踊りだしたという、お話である。

大峯山
「奥駆け」の修行はどのように行われるのか

「大峯山」といえば、広い意味では、奈良県南部の吉野から、和歌山県南部の熊野まで続く大峰山脈を指す。歴史的には、その大峯山脈のうち、山上ヶ岳の南にある小篠から熊野までの南側を「大峯山」と呼び、小篠から吉野に至る北側を「金峯山《きんぷせん》」と呼んできた。

その一帯は、古くから修験道の霊山として開かれ、日本有数のパワースポットとされてきた。なかでも、役行者によって開かれたと伝えられる「大峯奥駆け」は、道中に「七十五靡《ななじゅうごなびき》」と呼ばれる拝所（宿泊所兼行場）があり、それらを巡拝しながら、吉野と熊野を結ぶ山々を縦走する。この「大峯奥駆け」は、現在も、大自然の中で自分を見つめ直し、新たな活力を得るパワースポットめぐりとして、中高年の男性を中心に人気を集めている。

では、この大峯奥駆けは、どのように行われるのだろうか？　中世以降に主流となったルートの場合、まず吉野川の宿で水垢離《ごり》を行い、吉野山に登り、銅の鳥居で弥陀の浄土へ入ることを唱える。

そして、蔵王堂に拝し、その後、新客（初入峰者）は金峯神社の蹴抜けの塔に入れられる。塔の中の暗闇を回るうち、突然、鐘が鳴らされて驚く。これが、気

「大峯山寺」の本堂へ至る石段

抜け、つまり魂を抜かれたということで、すなわち死を意味する。

金峯神社を出発すると、杉林の小道を山上ヶ岳へ向かう。地元では「大峯山」と呼ばれ、現在も女人禁制が守られている山上ヶ岳が、行場の中心となっている。表行場と裏行場に分けられ、表の代表が、大きな岩盤からロープでくくられて宙づりにされる「西の覗《のぞき》」である。宙づり状態で、突然、ロープがゆるめられ、逆さに急降下する。これが「捨身行」と呼ばれる。

一方、裏行場は18の行場があり、大岩石を登ったり、下ったり、潜り抜けたりしながら進む。ハイライトは、空中に突き出た大岩を抱きかかえながら一周する「平等岩」。手が滑るか、足を踏み外せば、谷底へ落ちることになる。

この山上ヶ岳にあり、金剛蔵王権現と役行者が祀られた大峯山寺からは、1984年（昭和59）、平安時代の純金製の阿弥陀如来や菩薩像が出土し、当時の大峯奥駆けの盛大さをうかがわせた。この行場を無事に通過して進んでいくと、真言宗醍醐派（当山派）の根拠地である「小篠の宿」につく。

その後、巨木や巨石のある拝処をいくつか経て、天河弁才天の奥の院である弥《み》山《せん》に向かう。さらに、弥山から八経ケ岳、釈迦ケ岳を縦走して、天台系（本山派）の根本聖地である「深仙《じんせん》の宿」に着く。近くの大日岳には、大岩盤を鎖1本にすがって登る行場があり、深仙から下った前鬼にも、岩場や滝の行場がある。

この後、熊野を目指すが、「笠捨て」と呼ばれる急坂が続く。役行者も苦しく、思わず笠を捨てたという言い伝えから、「笠捨て」という名がついている。最後に玉置山を走破し、熊野川に沿って降りてきて、川を歩いて渡った後、最終目的地の熊野本宮に詣でる。

大峯奥駆けは、一度死んだ修行者が、数々の行場を経ることで即身成仏し、新しい自分に生まれ変わる儀式といえる。

出羽三山
三つの霊山がそれぞれ担う〝役割〟とは？

「出羽三山」は、羽黒山、月山《がっさん》、湯殿山という山形県の三山の総称。羽黒山の頂上には出羽神社、月山の頂上には月山神社、湯殿山の頂上には湯殿山神社があり、それらを総称して「出羽三山神社」と呼ぶ。

ただ、月山（１９８４メートル）と湯殿山（１５００メートル）は、冬場は参拝できなくなることから、標高４１４メートルの羽黒山の出羽神社に、三神が合祀されている。

日本に修験の山は数多あるが、出羽三山は、本山派（熊野）、当山派（吉野）に対して、東北や関東地方の山伏修行の総本山とされてきた。

とりわけ、霊的なひずみを解消し、傷ついた魂を癒すパワーが強いといわれる。三山すべてに登拝すると、その効果はより高まるとされるが、それぞれにも独特の功徳や役割がある。

最初に開かれたのは、羽黒山である。伝説によれば、５９３年（推古元）、崇峻天皇が蘇我氏に暗殺されると、第三皇子の蜂子皇子が難を逃れて出羽国へ入った。そのさい、３本脚の霊鳥に導かれて羽黒山へ登り、羽黒修験道の開祖となったとされる。

羽黒山の一角には蜂子皇子の墓があり、現在は宮内庁が管理している。また、蜂子皇子が3年の木食行《もくじきぎょう》（木の実や草だけを食べて修行すること）を行った阿久谷は、いまも立ち入りを禁止された聖域として守られている。

蜂子皇子は、衆生の苦しみを能く除《よ》いたところから、のちに「能除太子《のうじょたいし》」とも呼ばれるようになる。羽黒山は「現世」を象徴し、登拝すれば、自らの魂の罪深さに気づき、穏やかな心境を取り戻すことができるとされている。

月山は、古くから死霊の集まる山として信仰され、明治時代の神仏分離まで、頂上には阿弥陀如来も祀られていた。現在は、月読尊《つくよみのみこと》をまつる神社となっているが、いまも周囲には死者供養のための位牌、石碑、卒塔婆が立ち並んでいる。そこから、月山は「過去」を現し、死者霊を救済するところとされ、お参りすれば、先祖の罪を滅ぼし、先祖の霊を癒すことができるといわれている。

湯殿山は、大日如来を本地仏《ほんじぶつ》として、三山を統合する意味合いをもつ。江戸時代には、身分の低い人が木食行や山籠りの荒行を行うと、一族を繁栄させ、自らも来世で幸せになることができると信じられていた。そのため、現世で苦難を味わっている人々が、来世の幸福を祈り、自らの命を削りながら荒行に挑んだ。

湯殿山では、荒行のなか、新たなパワーをもらい受けて生まれ変わることから、この山は「未来」を現すとされている。

羽黒山 どのような修行が行われるか?

出羽三山の一つである羽黒山は、標高414メートル。山というより、森のように見える。約1400年前に開かれたと伝えられ、以来、山伏修行の中心地として栄えてきた。

江戸時代には、山のいたるところに寺院や宿坊があり、東北、関東地方の山伏修行の総本山とされた。最盛期には7000人もの山伏が修行したこともあったが、いまでは修験者よりも観光客のほうがはるかに多い。本来、75日間で行われた羽黒山「秋の峰」の修行も、現在は8日間に短縮されている。

その間、修行者は、一度死ぬことによって罪をほろぼし、生まれ変わって即身成仏するための修行を行う。これによって、魂が浄化され、新たな人生を送れるといわれている。では、その修行は、どのように行われるのだろうか？

まず、正善院で、「笈絡《おいからがき》」の儀式が行われる。精進料理に酒も出るが、これは通夜の膳という意味がある。ここで、修行者はいったん死に、修行者が背負う「笈」に魂がこめられたとされる。

翌日から「一の宿」と呼ぶ修行が始まり、最初に黄金堂《こがねどう》の前で「梵天奉納」が行われる。その後、羽黒山を列になって巡拝しながら登り、荒沢寺《こうたくじ》に入る。

この一の宿のハイライトは「南蛮いぶし」と呼ばれる儀式である。火鉢にトウガラシとヌカを混ぜたものを入れ、もうもうと上がる煙攻めにされる。鼻やノドの粘膜がヒリヒリし、失神者が出たこともあるほどの苦しい修行といわれている。

さらに、4日目までの一の宿では、断食（餓鬼の行）、断水（畜生の行）があり、手や顔を洗うことも禁じられる。

4日目の夕方から始まる「二の宿」では、「天狗相撲」と「懺悔」が行われる。

相撲をとるのは初めて入峰した者で、優勝するとブナで作った梵天が与えられる。また、懺悔は、大先達の唱える懺悔文を読み、これによって自分の犯した罪を滅ぼすという儀式だ。

6日目から始まる「三の宮」では、午前0時に柴燈護摩《さいとうごま》が開始される。燃え盛る護摩の木は人間の骨にたとえられ、火箸作法により、六根《ろっこん》（眼耳鼻舌身意）を浄化し、煩悩を燃やしつくす。月山への登拝も行われる。

最終日は、荒沢寺を出て、出羽三山神社で「エイエイオー」の〝産声〟をあげる。その後、羽黒山を一気に駆け下り、黄金堂前で産湯にたとえた火を飛び越えることで、修行が成就される。

高野山
どうして仏教の聖地となった？

高野山真言宗の総本山である和歌山県の高野山。天台宗の比叡山と並ぶ日本仏教の聖地である。

周囲を深い山々に囲まれた東西5・5キロ、南北2・3キロの山上盆地に、「壇上伽藍」と呼ばれる根本道場を中心とした宗教都市が広がっている。

高野山真言宗は約600万人の信者をもち、毎年、多くの信者がこの聖地を訪れる。熱心な信者でなくても、「厳粛な気持ちになる」「心が洗われる」「ゆったりとした気分になる」という感想を抱く人が多く、信者と観光客を合わせて年間約200万人の訪問者がある。

この高野山に、弘法大師こと空海が、816年（弘仁7）、修行僧の道場を開いた理由をめぐっては、次のようなエピソードが残されている。

空海は、留学した唐の首都・長安で、唐の国師である青龍寺恵果阿闍梨から真言密教を授かり、帰国した。その帰国途中、師より授けられた三鈷《さんこ》（仏具）を空中に投げ、「伽藍建立の妙地を示し給え」と念じたところ、三鈷は高野山の松の樹にかかり、まばゆいばかりの光を放った。それを見て、高野山こそ真言密教の修行にふさわしい場と、開山を決意したという。

また、聖地の中心をなす盆地が、周囲を8峰に囲まれ、「蓮の花が開いたような」地形であるということも、仏教の聖地としてうってつけだったという指摘もある。

そもそも、空海の伝えた密教は文字通り「秘密の教え」のことである。一人の師匠に一人の弟子がついて秘密の教えを請うなか、念力のわざも伝授される。念力によって超常現象を起こしたり、人を動かして内面から変える力などが伝えられるのだ。

空海は、嵯峨天皇の勅許を得て高野山を開くが、そのきっかけをつくったのも、空海が身につけた超能力だったと伝えられる。天皇の命で行われた雨乞いの儀式で、空海は三日間にわたって大雨を降らせたといわれている。

空海の死後は、彼の肉体が滅んでも精神は生き続け、人々の救済にあたるという信仰が広まる。高野山へお参りをすれば、弘法大師がこの世の悩みや苦痛を肩代わりしてくれると、平安時代には、藤原道長や白河上皇といった権力者が参拝し、戦国時代には、豊臣秀吉をはじめ、多くの戦国大名が高野山に寄進し、墓碑を建てた。

なお、現在では、権力者に代わって、多くの大企業が高野山の墓所を利用し、パナソニック、ソニー、トヨタ、シャープ、日産などが社墓を建てている。

吉野山「水分の山」として信仰を集めたパワースポット

修験道・当山派の根拠地として知られる吉野山は、奈良県の中央部に位置する。「吉野山」という呼び名は、下千本から奥千本に至る山域を指し、最高峰は、最奥の青根ヶ峰（標高858メートル）。現在では桜の名所として、シーズンには一日に約3万人、1カ月で約80〜90万人もの見物客が訪れる。

この地は、地元では、古くから「水分《みくまり》の山」として信仰を集めてきたパワースポット。現在も、上千本に「吉野水分神社」がある。

水分神社は、もとは青根ヶ峰にあったとみられている。青根ヶ峰は、吉野川の支流である音無川が東へ、喜佐谷川が北へ、秋野川が西へ流れる源流となるところで、まさに水の分かれる場所。吉野の民にとって、そこは生活や農業のための水をもたらし、魚や水棲動物をもたらす川の水源であることから、自然とあがめるようになったのだろう。

やがて、分水の地は、水を司る「水分の神」として信仰の対象となっていく。日本神話にも、ハヤアキツヒコ・ハヤアキツヒメという水の神の子として、「天《あめの》水分神《みくまりのかみ》、国水分神《くにのみくまりのかみ》」が登場する。のちに、祈雨の対象とされたり、田の神、山の神とも結びつく。

平安時代の中頃からは、「みくまり」が「みこもり」となまり、子授けの神としても信仰を集めるようになる。

豊臣秀吉も、この地を訪れて秀頼を授かったといわれ、現在の水分神社の社殿は、1605年(慶長10)、秀頼によって創建されたものである。

また、いつ頃からか吉野山には、黄金が埋蔵されているという伝承が生まれ、別名を「金峯山」とか「金の御嶽」と呼ばれるようになった。

金の御嶽とも言われる「吉野山」

鞍馬山

古くから密教の修行の場として栄えた山

京都の鞍馬寺では、5月の満月の夜、「五月満月祭」が行われる。その日は、天界と地上の間に通路が開け、宇宙の大霊から一年でもっとも強いパワーが降りそそぐとされ、その強力な宇宙パワーを受けながら、満月に清水を捧げて祈るという儀式である。これによって、魂がめざめ、ありのままの自分の姿を取り戻せるといわれる。

鞍馬山一帯は、古くから密教の山岳修行の場として栄えてきた。平安時代からパワースポットとして崇められてきた場所といえる。

鞍馬寺には、毘沙門天と千手観音、魔王尊の3尊が祀られている。そのうちの魔王尊像は、白いヒゲを伸ばし、背中には羽がついていて、その容貌は天狗のイメージに近い。

そもそも、天狗とは、古代中国では流れ星の痕のことだった。流れ星の痕が狗《いぬ》に似ているとして「天狗」と呼ばれ、日本でも奈良時代から平安時代にかけては流れ星の痕のことを指していた。

ところが、鎌倉時代になると、山岳霊場で修行する修験道の山伏を「天狗」と呼ぶようになる。山伏の風体や修行法が独特のものであることから、既成の宗派が一種の侮蔑語として、そう呼び始めたようだが、やがて山を信仰する民衆の間で、山で起こる怪奇な現象を天狗と結びつけ、天狗を山の神とする考え方が生まれた。

今日のイメージである「鼻が高く、赤ら顔で、一本刃の高下駄をはき、自在に空を飛びまわる」というのは、中世以降に出来上がったイメージである。

鞍馬山は、やがて天狗の総本山となり、鞍馬寺に祀られる魔王尊が鞍馬の天狗の僧正坊を指揮していると言われるようになった。

僧正坊は全国の天狗を束ねるとされ、謡曲『鞍馬天狗』で、牛若丸（のちの源義経）に修行をつけたのも、この僧正坊だ。

湯殿山
どうして温泉が〝ご神体〟なのか

出羽三山の一つ湯殿山の湯殿山神社は、温泉を御神体とする。

この神社に着くと、まず裸足になるように言われる。裸足になると、今度はお守りと人形《ひとがた》をもらって、お祓いを受ける。そして、人形に自身の穢《けが》れをうつし、水へ流すことで身を清める。それから、裸足のまま奥へ進んでいくと、御神体の温泉が現れる。

そこでは、赤茶けた巨岩が、山肌から露出。その巨岩の周辺から、温泉が湧き出し、湯煙があがっている。湯は湯口では透明だが、空気に触れると赤く沈殿する。

大昔の人たちは、当然ながら、そのような巨岩から、なぜ温泉が湧くのか理解できなかった。そこから大自然への畏敬の念が生まれ、素朴な信仰へ発展した。

そうして、温泉が御神体となったのだ。

よく見ると、その湯口は、裸の妊婦が立て膝をしている姿にそっくりで、陰部もついている。現在では、そこにお賽銭を投げいれ、みごとに命中すると幸運が舞い込むといわれているが、その妊婦の姿から、生まれ代わりの場としても信仰された。

白神山地
世界遺産にもなった生命力の宝庫

白神山地は、青森県と秋田県にまたがる13万ヘクタールの広大なブナの原生林。最高峰の向白神岳《むかいしらかみ》は、標高１２４３メートル。平均で標高１０００メートルの山が連なり、山々からは無数の川が流れ落ち、深い谷をつくっている。その中心部の１７０平方キロは世界遺産にも登録されている。

この地域にブナが育ち始めたのは、いまから８０００年前にさかのぼるという。

そこから、白神山地は、8000年にも渡ってブナ林を育んできた生命力あふれるスポットといえる。

「マザーツリー」と呼ばれる老木をはじめとする無数のブナの大木が大きな枝を広げ、大自然の力を感じさせる場所だ。

かつて、地球のほぼ全域が熱帯気候だった時代、ブナは北極周辺にだけ存在する樹木だけだった。

やがて、気候が寒冷化に向かうと、いったんはヨーロッパや北アメリカ、中国の北部までブナ林が広がるが、さらに寒冷化が進行すると、ヨーロッパなどでは氷河が形成され、ブナは絶滅の危機に瀕した。

ところが、日本列島は海に囲まれ、比較的温かかったため、ブナ林を主体に、トチノキやモクレン、モチノキ、ヒメモチ、シラネアオイなど、多くの植物が生き残った。

そのうち、白神山地のブナ林は、この8000年の間、人の手がほとんど入らなかった。それが、1993年(平成5)、法隆寺や姫路城、屋久島とともに、

生命力あふれるスポット「白神山地」

日本で最初に世界遺産として登録された理由である。

白神山地のブナ林が伐採を免れたのは、ブナの木がシイタケ栽培以外には役に立たなかったからである。くわえて、白神山地は現在でも少しずつ隆起しているため、地盤が弱く、崖崩れが頻繁に起きる。林道を通しても、崖崩れで通れなくなるため、道路開発もあまり行われなかった。さらに、一年の半分は雪に覆われるうえ、眺望のよい場所が少なく、美しい高山植物も少ないため、一般の人が立ち入ることも少なかったのである。

また、ブナの葉は、わずかな風でも落ちてしまうが、山肌に積もった腐葉土が保水性を高め、そこから吸い上げられる養分で樹木がまた育っていく。こうして、長い年月に渡り、白神の地はブナ林を守り、育ててきたのである。

世界遺産の登録地域へ行くには、高度な登山技術を要するが、3つの滝からなる暗門滝には、駐車場やバス停から、片道約1時間で行けるので、人気の観光スポットとなっている。滝までの山道の両脇に広がるブナの原生林を堪能することができる。

筑波山
2つの峰はどんな意味を持っているのか

秋葉原といえば、かつては電気街として有名だった街だが、他地域に家電量販店が増えたため、一時は、衰退気味だった。その後、オタクの街として復活したが、パワースポット好きの間では、秋葉原が復活したのは、つくばエクスプレスが開通（２００５年）し、筑波山のパワーが直接流れ込むようになったからといわれている。

その真偽はともかく、そんな噂が広まるほど、筑波山は古くからパワーをもつ山として知られていた。

筑波山は、関東地方東部に位置し、頂きが２つある双峰の山。現在のつくば市側から見て、東側が女体山、西側が男体山とされる。標高わずか８７７メートルながら、関東平野のなかでは突出した存在であり、どこからでもその山姿を眺められたので、古代から信仰の対象となってきた。

『万葉集』の時代には、農閑期になると、若い男女が集って「歌垣」を行う場でもあった。そこでは、既婚も未婚も問わず、若い男女が集まり、歌い、踊り、乱交を楽しんだ。この歌垣の儀式には、その年の豊作を喜び、翌年の豊作を祈る意味があったとみられる。

中腹に拝殿だけある筑波山神社は、筑波山全体を御神体としている。そのため、山全体がパワースポットといわれているが、神社から少し登ったところにある胎内くぐりと白蛇弁天が、最もパワーが強いスポットとされる。

胎内くぐりは、筑波山禅定の行場の一つで、胎内に見立てた巨岩を抜けることで生まれた姿に立ち返るとされる。一方の白蛇弁天は、ここで白蛇を見た人の金運がアップしたことに由来する。

また、筑波山に2つの峰があることから、神社は二神を祭神とし、その二神が結婚をして神々を産んだという伝説から、とくに縁結びや夫婦和合の御利益があるとされている。

英彦山
日本の「三大修験山」のひとつに数えられる理由

熊野の大峰山、山形の羽黒山と並び、日本の三大修験山とされてきた九州北部の英彦《ひこ》山。標高1200メートルの南岳と中岳、北岳の3峰からなり、中腹には英彦山神宮の奉幣殿があり、山頂に上宮がある。

2005年（平成17）には、英彦山神宮へ続く参道沿いに、全長849メートルのスロープカーが完成。玄関口にあたる銅鳥居横から奉幣殿まで、約15分で登れるようになり、九州有数のパワースポットとして、開運招福を願ったり、癒しを求める参拝者を集めている。

この山も、開山したのは、役行者と伝えられる。

ただ、英彦山は、それ以前から、神の降りる山として、地元の人々の信仰を集めるパワースポットだった。

じっさい、北岳山頂には磐座《いわくら》が残り、現代人よりずっと霊的なものに敏感だった古代の人々が、英彦山から霊気を感じとっていたのがわかる。

平安時代の819年には、宇佐（現在の大分県宇佐市）出身の法蓮が、嵯峨天皇に呼び出されて上洛し、アマテラスの子が降臨したことに由来するという「日子山」を「彦山」に改め、七里四方におよぶ寺領を賜ったといわれる。

12世紀以降は、天台宗に属し、西国修験道の一大拠点として栄えた。最盛時は僧坊3000を抱えていたとされ、現在もその史跡が残っている。戦国時代には数千名の僧兵を擁し、大名に匹敵する勢力を誇るが、敵対する大友義統《よしむね》の軍勢に攻め込まれ、勢力を失った。

その後、江戸中期に、天台修験の別格本山となって復活。1729年（享保14）、霊元天皇から、天下に抜きんでた霊山であるとして「英」の字を授けられ、「英彦山」と書かれるようになった。そして、明治の神仏分離で修験道が廃され、「英彦山神社」とされた。現在の「英彦山神宮」と改称したのは、1975年（昭和50）のことである。

恐山
なぜ死者を呼び寄せることができるのか

青森県の下北半島の中ほどに、「恐山」と呼ばれる霊場がある。数え方によっては、高野山、比叡山と並んで日本三大霊場とされている。平安時代の862年(貞観4)、最澄の弟子・慈覚大師円仁によって開山された。きっかけは、円仁が留学中の唐で見た夢だったという。

ある夜、夢の中に現れた高僧から「汝、国に帰り、東方行程30余日のところに至れば霊山あり、地蔵尊一体を刻し、その地に仏道を広めよ」というお告げを受けた。帰国した円仁が、夢で告げられた霊場を捜し歩いた末、たどりついたのは、下北半島中央部の外輪山だった。

周囲にはむきだしの岩がいくつもあり、あちこちに蒸気が立ち上ぼり、刺激臭が立ち込めている。地獄のような光景が広がるかと思えば、美しい白浜と神秘的な湖（宇曾利湖）もあって極楽を思わせる。さらに、夢で告げられたことと符合することが多かったので、円仁はそこが探している霊場と確信し、6尺3寸の地蔵尊を彫り、本尊として安置したと伝えられている。

この恐山が、現在、もっともにぎわうのは、例年7月20日～24日までの大祭である。青森各地から「イタコ」と呼ばれる巫女たちが集まり、口寄せが行われる。口寄せとは、霊を自分に降霊させ、霊の代わりにその意思を語るものである。参拝者の求めに応じて、話をしたい死者を呼びよせ、霊界の言葉を日本語（津軽弁）に通訳してくれる。

イタコは、昔から、こうした女性によって継承されてきた。イタコの言うことは、死者に応じていくつかのパターンに分かれているとされ、口寄せの他に、さまざまな相談にも応じている。

現在では、霊能力によって本当に死者に会えるというよりも、下北半島の人々にとっては、一種の心理カウンセラーのような役割をつとめているといわれる。

日本三大霊場のひとつ「恐山」

5

神秘のパワーを感じる場所は世界にある

〈ヨーロッパ・南北アメリカ編〉

ルルドの泉

“奇跡の泉”で本当に起きた出来事

フランス・スペイン国境のピレネー山脈のフランス側の山麓に、ルルドという町がある。人口1万5000人ほどの小さな町だが、「ルルドの泉」で知られ、カトリック教会の国際的な聖地となっている。19世紀半ばから現在まで約150年の間に、1億人の信者が訪れたといわれている。そのきっかけとなったのは、1人の少女が見た聖母マリアの幻影だった。

1858年2月11日、当時14歳の少女ベルナデッタ・スビルーが、妹や友だちと洞窟のそばで薪拾いをしていると、突然、彼女だけ嵐のような音を聞いた。すると、洞窟から金色の雲が湧きだし、美しく若い女性が現れた。その女性は、腰にブルーのリボンをつけた白い服を着て、手にはロザリオを持っていた。ベルナデッタは、その女性に導かれるまま、祈りを唱えた。

世界中から人々が訪れる「ルルドの泉」

その後、ベルナデッタは、母親や警察署から、洞窟の近くへ行くことを禁じられたが、彼女は自然に足を運んでいた。回を重ねるにつれ、彼女に同行する者の数が増えていった。

若い女性の幻影は、現れるたびにベルナデッタに神託を告げ、9回目には、泉に行って水を飲み、顔を洗うようにといった。しかし、近くに泉がなかったので、彼女が砂地を掘ってみると、水が湧きだしてきたという。15回めの訪問のときには、2万人の信者が集まり、その若い女性こそ聖母マリアだと噂されるようになった。

さらに、女性が聖堂を建てるように告げたので、ベルナデッタが教会関係者に伝えると、半信半疑だった教会関係者は名前を尋ねるように頼んだ。すると、若い女性は、「無原罪の御宿り《おんやど》」と答えたという。その言葉は、当時14歳の読み書きもできない少女が、知るはずがないカトリックの教義のひとつだった。教会関係者は驚き、若い女性の現れる場所に聖母像が建てられた。そして、この話がヨーロッパ中に伝わると、多くの信者が巡礼に訪れるようになり、やがて大聖堂が建てられた。

その後、このルルドの泉を飲んで、奇跡的な病気の回復が何度も起きたとされ、現在も、世界中から信者や観光客が訪れている。

ファティマ
聖母の出現で知られる国際的巡礼地

ポルトガルの首都リスボンから、北へ123キロ行ったところに「ファティマ」という小さな町がある。人口は、約1万人。日本ではあまり知られていないが、カトリックの信者にとっては、超有名な巡礼地である。

カトリック教会公認のパワースポットともいえるが、そのきっかけとなったのは、「ファティマの聖母の出現」と呼ばれる宗教的幻視だった。

1917年（大正6）5月13日の昼過ぎ、10歳の少女ルシア・ドス・サントスは、2人の年下のいとこと広場で遊んでいるとき、快晴の空に稲妻のような光を見た。嵐が来ると思ったルシアは、年下のいとこ2人をどこかに避難させなければと思うが、次の瞬間、さらに明るい光が走り、樫の木の上に幻影が現れた。それは、彼女たちが見たこともないような美しく、若い女性だった。その女性は16歳くらいに見え、胸の前で組み合わせた手にはロザリオを持っていた。

その女性は、ルシアたちに2つのことを求めた。1つは、これから6ヵ月間、毎月13日の同じ時間に、3人でこの場所へ来ること。もう一つは第1次世界大戦を終わらせ、世界に平和をもたらすため、毎日ロザリオに祈ることだった。そう言うと、若い女性は東の空の方へ消えていったという。

翌6月13日、3人の子供が同じ場所へ行ってみると、約束どおり、女性が再び姿を現した。3人の子供が、自分たちを天国へ連れて行ってくれるように頼むと、女性は、2人のいとこは連れて行くが、ルシアは、人々に「聖母マリア」信仰を広めるため、もう少しこの地にとどまるようにと言われたという。それから2年以内に、2人のいとこは、当時流行していたインフルエンザで命を落としている。

この幻影騒動は、その後、多くのカトリック信者に知られるようになり、同年

9月13日には約3万人、10月13日には約8万人が集まるビッグイベントとなった。若い女性の幻影は子供たちにしか見えなかったが、幻影が現れる直前の明るい光は、そこにいる人たちの誰もが見たという。

その後、ファティマには寺院が建てられ、カトリック信者の巡礼地となった。短期間のうちに、精神的な疾患を中心とした奇跡的な病状回復が約800例も報告され、現在も、国際的な巡礼地として多くの信者を集めている。

ストーンヘンジ
正体不明の巨石群が持つ〝パワー〟とは？

世界でもっとも有名な先史時代の遺跡が、イギリスのソーズベリーにある。紀元前2500年〜2000年の間に作られたのではないかと考えられる巨大な環状列石（ストーンサークル）である。現在、その遺跡は「ストーンヘンジ」と呼ばれ、日本人も含め、世界中の人々が訪れる有名パワースポットとなっている。

溝と土手に囲まれた遺跡のスペースは、109メートル×98メートルの楕円形。そこに2重の円を描くように巨石が並べられ、その内側には「門」状の組石が5組、馬蹄形に配置されている。それらの立て石は、地中に埋まる部分も含めれば9・5メートルにもおよぶ。また、遺跡周囲の溝と土手が造られたのは、巨石群よりも古く、紀元前3100年頃とみられている。

いまも、この巨石群の正体は、数多くの謎に包まれている。たとえば、夏至の日には、「ヒール・ストーン」と呼ばれる高さ6メートルの玄武岩と、中心にある祭壇石を結ぶ直線状上に太陽が昇る。設計者に天文学の深い知識があったことは確かだが、遺跡の目的は、いまに至るまで判然としていない。

有力な説としては、太陽崇拝の祭祀場、天文台、先住ケルト民族の礼拝堂などがあるが、近年では、治療のためという説も唱えられている。

治療用説の根拠は、巨石群の中にあるブルーストーン（輝緑岩）が、古代人には治癒力があると信じられていたことである。しかも、それらの平均1・5トンもあるブルーストーンは、近隣では採れないので230キロメートルも遠方から

謎のストーンサークル「ストーンヘンジ」

運ばれてきたとみられている。

古代人が、莫大な労力をかけて運んだのは、死や病に対する恐怖から、石と太陽のパワーによって病気を治そうと考えたからではないかと推定する研究者もいるわけだ。

カルナックの巨石群
謎の巨石が放つ〝エネルギー〟とは?

ヨーロッパには、古代の巨石文化の遺構がたくさん残っている。なかでも、もっとも古いとみられるのは、フランス北西部のブルターニュ地方にあるカルナックの遺跡群である。一面の野原に、約４０００の巨石が4キロにもわたって立ち並び、イギリスのストーンヘンジが環状列石であるのに対して、こちらは、まっすぐ並ぶ直線状列石だ。調査によれば、紀元前約５０００年前につくられたものとされ、ストーンヘンジよりも古いと見られている。

しかし、巨石が並べられた目的が何だったかは、ストーンヘンジと同様、わかっていない。精霊や巨人が建てたという伝説のほか、戦士の墓、種族の記念碑、天文学装置、蜃気楼の観測所などの説がある。

天文学装置という説を唱えたのは、ストーン・サークルの研究家アレクサンダー・トムである。彼の調査によると、ロクマリアケルという場所に立つ高さ21メートルのメンヒル（直立した巨石）が、月の入り、出の標識になっているという。そこから、彼は、古代人は巨石越しに背後の月を見て、月の軌道を知ろうとしたのではないかと考え、その目的は、月食を予知することにあったと推理した。

これに対して、蜃気楼の研究家ヘルムート・トルプッチは、「計算で月食を予測するには、精密な観測が必要になる」と反論。月食を予知する計算ができるようになったのは18世紀になってからのことであり、「先史時代の人がそこまでできたはずがない」と批判した。

そして、トルプッチは、巨石群はキプロン湾の蜃気楼を眺めるときの標識だったと予測。当時の人々は、蜃気楼を見て、死者の魂が行く天国だと考え、カルナックは天国へ通じる門と考えられていたのではないかと説いた。

また、蜃気楼は、嵐の前に現れやすいことから、嵐の到来に備えるための観測所だったのではないかという。

また、最近の研究では、カルナックの巨石は磁気や電気を帯びていることが明らかになっている。

古代人が、このカルナックの地と巨石のもつパワーやエネルギーに何事かを感じていたことは確かなようで、現在も古代のパワーやエネルギーを感じたいという人たちの〝聖地〟となっている。

パムッカレ
毒ガス発生地帯が聖域に選ばれた理由

世界の温泉のなかでも、とりわけ幻想的で美しい温泉といわれるのが、トルコの「パムッカレ」である。首都アンカラから南西に約４２０キロに位置し、遠く

綿の城という意味をもつ「パムッカレ」

から見ると、一帯は、白い綿や雪、あるいは氷でできた城のように見える。「パムッカレ」とは、トルコ語で「綿の城」という意味だ。

そこに水着で寝そべる人たちを見ると、思わず「氷の上で水着になるなんて」と思ってしまうが、近づくと、白い石灰岩が段々畑のような石灰棚を形成し、その棚に乳青色のお湯をたたえられていることがわかる。上から流れ落ちる温泉の石灰分が、数千年という長い年月をかけて沈殿凝固し、それが幾層にも重なって白亜の段丘を作り上げたのだ。

圧巻は、夜明けと夕暮れ時の光景で、段丘一面が太陽光でオレンジ色に染まり、幻想的な世界が現れる。この自然のショーを見るために、世界中から観光客がやってくる。彼らにとっては、日常を忘れて癒され、新たな活力をもらうパワースポットとなっている。

もっとも、その近くには、毒ガスの噴出する洞窟もある。現在は立ち入り禁止となっているが、そのあたりには紀元前2世紀頃には、ベルガモン王国の王エウメネス2世が神殿を築いたという記録が残っている。毒ガス発生地帯が聖地に選ばれたのは、司祭や巫女がその毒ガスを吸ってトランス状態になり、神託を下したからだという。つまり、トランス状態になれるほど危険な場所であることが、聖域の条件とされたというわけだ。

この毒ガス発生地帯を源泉とするパムッカレの温泉の効能はすこぶる高いといわれている。

地元の伝説によれば、昔、ひとりの女性が段丘の上から身を投げたところ、温泉の中に落ち、しばらくつかっていると、以前より元気で、美しい女性になって帰っていった。そして、王子に見初められ、王妃として幸せに暮らした——とある。

カッパドキア
奇妙な形の岩が立ち並んでいるのはどうして？

アニメ『エヴァンゲリオン』には、ジオ・フロントという地下都市が登場する。アニメならではの奇抜な発想だが、じつはこれと同じ発想の産物、すなわち〝地下都市〟が、世界遺産に登録されている。

トルコのアナトリア高原中央部、カッパドキア。まず、ここは、奇妙な形の岩が立ち並ぶ景観で知られている。ニョキニョキと屹立する三角形の岩、キノコの形の岩、なかにはラクダの形の岩もある。

そうした奇景は、二つの火山が生み出したものだ。エルジェス山とハサン山が、何百万年も前から噴火を繰り返し、火山灰を降らせ、溶岩流を噴出してきた。降り積もった火山灰は、比較的やわらかい凝灰岩となり、溶岩流のほうは固まって堅い岩盤となる。やがて、風雨がやわらかい凝灰岩を浸食すると、堅い岩盤だけが残され、現在のような奇岩群が出現したというわけだ。

しかし、この風景が〝奇妙〟なのは、その自然の造形もさることながら、岩のところどころに、まるで〝窓〟のような穴が空いていることだ。

じつは、この奇景の地下には、壮大な地下都市が広がっている。岩穴を地下深く掘り進み、居住できるようにしてあったばかりか、教会、ワイン醸造所などの施設も設けられていた。なかでも、オズコナークと呼ばれる最大の地下都市は、わかっているだけで地下11層。数万人を収容できる規模を誇った。

彼らはいったいなぜ、地下で暮らすようになったのか。3世紀半ばのこと、この地域はローマ帝国の支配下にあった。帝国は、当時まだ新興宗教であったキリスト教を迫害。難を逃れたキリスト教徒たちが、この地下都市をつくって隠れ住んだというわけだ。

それにしても、なぜ、こんな奇岩が目立つ場所に、地下の隠れ家をつくったのか。それは、凝灰岩でできた地盤が軟らかくて掘りやすかったからだろう。奇岩ができた理由と、地下都市をつくった理由は、同じものだったのだ。

モン・サン・ミシェル なぜ聖堂は海上に築かれたのか？

カトリックの国際的な巡礼地のひとつで、「西洋の驚異」といわれる修道院が北フランスにある。

サン・マロ湾に浮かぶ小島に築かれた「モン・サン・ミシェル」である。

満潮時には、周りを海に囲まれ、海に浮かぶ修道院となる。かつては、多くの巡礼者が押し寄せる波に呑まれて命を失った。そのため、フランスには「モン・サン・ミシェルに行くなら、遺書を置いていけ」という言い伝えがあったくらいだ。1979年（昭和54）には、「モン・サン・ミシェルとその湾」が、世界遺産（文化遺産）に登録されている。

もともと、この島は、先住民のケルト人にとっての聖地であり、「モン・トンブ（墓の山）」と呼ばれていた。708年、近くのアヴェランシュの司教オベールが、夢の中で、大天使ミカエルから「モン・トンブの山頂に、大天使をまつる聖堂を建設せよ」と告げられる。

そのお告げに従って、司教が小さな礼拝堂を建てたことが、聖堂としての始まりと伝えられている。

996年には、ノルマンディー公リチャード1世が、この島に修道院を建てた。その後、増改築が繰り返され、13世紀に現在の形になった。

15世紀の百年戦争では、ノルマンディーを支配したイングランド軍が攻撃をかけてきたので、修道院の人々は、周囲に城壁やはね橋、塔などを築いて要塞化した。彼らは、ここを拠点に10年近くも戦い抜き、一度も陥落することはなかった。いまも、島にはイングランド軍が捨てていった大砲と弾が残っている。

ところが、18世紀のフランス革命時には、農民革命軍に占領され、修道士が追放された。一時期、監獄として使われたこともあったが、その後、修道院として復活。陸との間に堤防が作られ、鉄道や道路で陸続きとなったことで、多くの人が訪れるようになった。ただし、堤防を築いたことで砂が堆積し、付近では急速な陸地化が進行することになった。

サンティアゴ・デ・コンポステーラ 三大巡礼地のひとつになった経緯

聖ヤコブといえば、新約聖書によれば、キリストが自ら選んだ12人の弟子（12

使徒）の1人である。キリストの死後、聖ヤコブは、ローマ帝国属州のヒスパニアへ布教に赴いた。しかし、目的を果たせず、エルサレムに戻ったところ、ユダヤ人の歓心を買おうとしたヘロデ・アグリッパ1世に捕えられ、処刑される。

それから８００年近く後、スペインのガリシア地方で、聖ヤコブの墓が見つかったといわれはじめる。隠者ベラギウスが、天使のお告げにより、聖ヤコブの墓があることを知り、星の光に導かれて司教と信者が発見したとされている。当時、イベリア半島は、キリスト教国による再征服運動（レコンキスタ）の時代で、聖ヤコブは、イスラム勢力と戦うキリスト勢力のシンボルとして崇拝された。

墓の場所には大聖堂が建てられ、聖ヤコブはスペインの守護聖人となった。聖ヤコブをスペイン語で「サンティアゴ」といい、キリスト勢力の兵士たちは「サンティアゴ」と叫びながら突撃したという。

この頃から、現在のサンティアゴ・コンポステーラは、キリスト教徒の巡礼地となった。11世紀頃にはヨーロッパ中から巡礼者が集まり、エルサレム、バチカンと並ぶキリストの三大聖地と呼ばれるようになり、最盛期の12世紀には年間50

万人が訪れたという。現在も、年間約10万人が、フランスからピレネー山脈を越えるなどしてやってくる。

スペインに入ると拠点の町があり、そこの巡礼事務所で名前を登録。巡礼者の証明となる手帳を受け取る。そして、中世から続く「洗足の儀式」を行い、旅の無事を祈る。

そこから、サンティアゴ・デ・コンポステーラまでは約８００キロもあり、巡礼者はそれぞれの方法で目的地に向かう。そのあたりは、お遍路さんに似ていて、観光バスや自動車を利用することもできるが、徒歩や自転車で巡礼する人も多い。ホタテ貝が巡礼のシンボルとなっており、巡礼者はホタテ貝をぶらさげて歩くことになっている。

ガリシア州政府は、この巡礼路を観光の目玉としてアピールしていて、スペイン国内の巡礼路は世界遺産にも登録されている。

メテオラ
なぜ奇岩の頂上で修道士が生活しているのか?

ギリシア中央部に、世界遺産にも登録されている「メテオラ」と呼ばれる一帯がある。山間の平原に、高さ30~400メートルの巨大な岩がいくつもそびえ立っている。一帯は、ピンドス山脈から流れ出るピニオス河による浸食で、山脈が削り取られて平原がつくりだされるなか、山脈の中の固い砂岩や礫岩《れきがん》の堆積層だけが残り、地面から縦長の岩塊がそびえ立つような地形を生み出したと考えられている。

その風景だけでも、世界遺産にふさわしい奇観だが、さらに巨大な岩塊の頂上には、ギリシア正教の修道院が建てられている。メテオラは、ギリシア語で「中空の」を意味する「メテオロス」に由来する。まさに、修道院が中空に浮かぶように建てられ、現在も修道士たちがそこで生活している。

9 世紀頃から、修道士はメテオラに住み着いた

そもそも、メテオラに修道士が住み着いたのは9世紀頃のこと。巨大な岩塊の頂上という険しい環境が、俗世との関わりを絶って、修行に打ち込もうとするキリスト教の修道士たちの目に止まった。とりわけ、ギリシア正教の修道士には、静寂のなか、瞑想することによって霊的な体験を得ようとする者が多かった。メテオラの環境はその目的にピッタリで、単独で修行する彼らは「隠修士」と呼ばれていた。

14世紀頃になると、セルビアの王ステファン・ドゥシャンが、この地方を征服。そうした戦乱を避け、多くの修道士が岩塊の頂きへ移り住むようになった。やがて、修道士による共同生活が始まり、修道院が建てられる。

といっても、そこは険しく切り立った岩塊の頂上である。修道院は石造りの質素なものだったが、資材を頂上まで運ぶのも容易でない。そうした難工事が修道士の一体感を作り上げ、現在に受け継がれる修道院共同体が形成されてきた。

この崖の上の修道院の中心的な建物は、「メタモルフォシス修道院（メガロ・メテオロン）」。１３５６年、岩塊群を見下ろす標高５００メートルのところに建設が始まり、32年の歳月をかけて完成し、15世紀にはメテオラ修道院群を統括する修道院となった。

そこには、一人の修道士が14年の歳月をかけて精巧な装飾を施した十字架をはじめ、さまざまな宗教美術が残されている。

ケルン大聖堂
なぜ完成まで600年以上もかかったのか？

ドイツのライン川中流域の古都ケルン。この街のシンボルともいえる建物が、ケルン大聖堂である。

ドイツを代表するゴシック様式のカトリック教会で、正面にたつと、その迫力に圧倒される。左右から天空をつき刺すようにそそりたつ尖塔は、高さ157メートルもあり、まるで2本の角が空に向かって生えているように見えるのだ。聖堂に入ると、頭上にはアーチ型の天井が広がり、窓は1万平方メートルにおよぶステンドグラスに彩られている。

ところで、この大聖堂が完成するまでには、なんと600年以上もの歳月がかかっている。教会の建設がスタートしたのは1248年、完成したのは1880年で、じつに〝工期〟は632年間にもおよんだのだ。

そんなに時間がかかった第一の理由は、宗教革命である。16世紀、ドイツで宗教革命がはじまり、新教派が力をもつと、この教会建設に寄付しようとするカトリック信者が激減する。資金不足から、1560年に工事中止に追い込まれ、その後、282年にも渡って、工事がストップすることになったのだ。

19世紀半ば、中断した工事が再開されるきっかけとなったのは、行方不明になっていた設計図が発見されたことである。失われていたのは西側の塔の設計図で、見つかったのは1814年のことだった。

ただ、この3世紀近くにおよぶ工事中断が、かえって純粋なゴシック様式の大聖堂を残すことにつながった。というのも、工事の中断の間に、ゴシック様式は時代遅れとなり、ルネサンス様式、バロック様式といった新しい流行が次々と生

「ケルン大聖堂」はドイツを代表するカトリック教会

まれていたからだ。

大聖堂の建設に100年単位の長い歳月がかかるのは、珍しいことではない。そのため、最初に建設された部分と、後に造られた部分とでは、異なる建築様式が用いられることもよくある。ケルン大聖堂も、中断せずに工事が続けられていたら、二つの塔が違う様式で造られた可能性が高いのだ。

しかし、この聖堂の工事が再開された1842年頃には、いったんすたれたゴシック様式が、リヴァイヴァルの波でふたたび脚光を浴びていた。リヴァイヴァルブームに乗って、工事は急ピッチで進められ、ケルン大聖堂はようやく完成の日を迎えたのである。

ノートルダム大聖堂
屋根に謎の怪物「キマイラ」が並んでいるのは？

パリ・セーヌ河のほとりに建つ「ノートルダム大聖堂」。ゴシック建築ではトップクラスの規模を誇り、ヨーロッパ各地にあるノートルダム、つまり聖母マリアに捧げる聖堂の代表格として有名だ。１１６０年、司教モーリス・ド・シェリーが建設を開始してから、２００年の歳月をかけて完成された。

ゴシック建築のゴシックとは、もともと「ゴート人のように野蛮な」という意味で使われた言葉だが、ノートルダム大聖堂の外観は、野蛮どころか、壮麗の一言。外からの眺めも美しいが、大聖堂内部のバラ窓には、ステンドグラスがはめ込まれ、色とりどりの光を放っている。

現在人気の観光ルートは、聖堂内部の見学が終わったあと、エマニュエルと呼ばれる大鐘がある南塔へ上るコース。長いらせん階段を上ってたどり着いた頂上からは、セーヌ河のゆったりした流れや、そそり立つエッフェル塔など、パリの街並みを一望できる。

ところで、この塔は、奇妙な姿の怪物「キマイラ」の像が並んでいることでも有名だ。キマイラは空想上の怪獣で、悪魔のようなグロテスクな姿をしている。その怪獣たちが、聖堂を守るように屋根に配置され、外部に睨みをきかせているのである。姿は奇怪だが、頬杖をついている怪獣がいたりして、どこか愛嬌がある。

それらは、大聖堂が19世紀半ばに修復されたとき、ヴィオレ・ル・デュックという建築家が作ったもの。ただ、建築家の自由なアイデアで置かれたものではない。

教会などのゴシック建築では、屋根から見下ろす怪物の彫刻がひとつのアクセントになっていて、アミアン大聖堂の屋根にも怪物はいる。宗教的には魔よけという意味があるが、実用的な意味は、樋を伝って流れる雨水の排出口。怪物の口から雨水が流れるような仕組みになっているのである。

シャルトル大聖堂
聖母マリアの着衣は本物なのか？

パリから南西へ90キロ離れたボース平原の小高い丘に立つ「シャルトル大聖堂」は、フランスゴシック様式の最高峰。さらに聖堂の名を知らしめているのは、総合計2000平方メートルを超える美しいステンドグラスである。

ステンドグラスは、それぞれの窓ごとにテーマが決められ、異なる物語が展開されている。文字の読めない人が多かった時代、ステンドグラスは、人々に聖書のストーリーを伝えるという重要な役割を果たしていたのである。

シャルトル大聖堂は、マリア信仰の中核として、長い間、重要な位置を占めてきた。中世には、巡礼の列がたえることなく続いたというが、その理由は、ここに「聖母マリアの着衣」といわれる一枚の布が保管されているからだ。いわゆる聖遺物のひとつである。

それは、9世紀、西フランク王国のシャルル1世が寄進したものといわれ、フランス革命が起きるまでは、聖櫃に入れられ、誰も開けたことがなかったという。

数百年ぶりに開封すると、そこから出てきたのは、大きな布とベールだった。ところが、その布は、やがて〝ハギレ〟になってしまう。時の権力者たちがご利益にあずかろうとして、布を切ってお守りにしたからだ。現在では、その布はほんの断片しか残っていないようだ。

そこで気になるのが、その布は本当に聖母マリアの着衣だったのか？――という点である。

科学的に分析したところ、およそ2千年前のシリア産の布であることが判明したという。しかし、それ以上のことは科学の力をもってしても解明できず、今もって真偽は確認できていない。

ジャイアンツ・コーズウェー なぜ4万本もの石柱が立ち並んでいるのか？

イギリス・北アイルランドの北端、アントリウム州の海岸には、奇怪な石柱群が立ち並んでいる。六角形の石柱がすき間なく寄り添い、恐ろしいまでの規則正しさで並んでいるのだ。その数、じつに4万本である。

石柱の大きさは、径40〜50センチのものが最も多く、高さは数十メートルから100メートルほどもある。

それが海中から伸び、海面から断崖まで徐々にせりあがって階段のように並ん

“巨人の道”にまつわるロマンチックな伝説とは？

でいるのだ。その光景を見ると、何らかの意図のもと、並べられたもののようにも思えてくる。

実際、昔の人々は、石柱群が何者かによって作られたものだと信じていた。とはいえ、その巨大さからすれば、人間の手によるものではあるまい。巨人が石柱を並べたに違いない、と考えていたのである。

伝説によると、この地に住む巨人が、スコットランドのスタファ島で、巨人の娘に恋をした。そして、彼女を連れて帰りたいと考え、一族総出で海の中に丈夫な道をこしらえた。それが「巨人の道」、つまりジャイアンツ・コーズウェーだというのである。

ロマンティックな伝説だが、むろん、ここで見られる石柱群は、巨人が造ったものではない。今から６０００万年前の火山爆発によって生じた自然の造形物である。

六角形の石柱は、噴火によって煮えたぎったマグマが海中に流れ込み、海水で冷やされ凝固する過程で生まれたと見られている。

だが、その溶岩台地は、いったんは堆積物に埋もれてしまった。それが再び地上に姿をあらわすことになったのは、氷河の力である。この地域を覆った大規模な氷河が、大地の堆積層を削り、海ではまた、凍った海水が堆積岩の岩肌を削った。強く吹き付ける風も、少しずつ岩肌を削っていった。

こうして、長い時間をかけて、岩肌が削られた結果、現在のような溶岩台地が現れることになった。

大自然の力と気の遠くなるような時間が、ジャイアンツ・コーズウェーの奇怪な風景を生みだしたのである。

グアダルーペ
多くの人が癒しを求めて訪れる奇跡のスポット

首都メキシコシティの郊外のグアダルーペには、巨大な教会が建ち、その近くには、聖母マリアのための礼拝堂がある。

このグアダルーペの聖母は、メキシコでもっとも敬愛される宗教的シンボルであり、メキシコ独立革命の指導者ミゲル・イダルゴは、蜂起の宣言で「聖母万歳」と唱えたし、革命指導者の一人エミリアーノ・サパタ率いる軍隊は、聖母の像を帽子につけていた。

グアダルーペの聖母は、カトリック教会も公認する聖母出現譚の一つになっている。最初の奇跡は、1531年12月9日の明け方に起きた。

そのとき、ホァン・ディエゴは、ミサに出席するため、テペヤックの丘を走っていた。すると、木も生えていない荒涼な場所で、ディエゴは突然、鳥の鳴き声を聞いたような気がした。「こんな寒い朝に、こんな場所でおかしいな」と耳を澄ますと、上空から女性の声で名前を呼ばれ、霧の中に若い女性の姿が現れた。ディエゴが思わずひざまずくと、女性は自分が聖母マリアであると告げ、自分のための教会を建ててほしいと告げた。そして、このことを教会の司教に伝えてほしいと言った。

ディエゴは急いで教会へ向かい、司教に話すが、司教は彼の話を信じようとはしなかった。ディエゴは、教会からの帰りに、再び聖母マリアと名乗る若い女性の幻影の前にひざまずき、涙を流しながら事の次第を報告した。

やがて、ディエゴのおじが病気になり、日に日に衰えていった。ディエゴが司教の元へ急いでいると、また出現した若い女性に呼び止められ、粗末な毛のマントを渡された。そして、自分が聖母マリアである証に、おじの病気を回復させることを約束し、司教の前でそのマントを開くようにと告げた。すると、まもなくおじの病気は治り、司教の前で開いたマントには、聖母マリアの聖画像が浮かび上がったという。

これによって、その女性は聖母マリアであると確信されるようになり、教会が建てられた。さらに、聖母マリアの出現した場所に泉が湧いたので、その上に礼拝堂が建てられると、多くの人が祈りを捧げるようになった。そして、医者の見放した患者が何人も回復するという奇跡的な出来事が起きたと伝えられている。

いまでも、聖母マリアの聖画像とマントは、１９７６年（昭和51）に建てられた礼拝堂に掲げられ、多くの人が癒しを求めて訪れる聖地となっている。

チチェン・イッァ
マヤの神殿で繰り広げられた「儀式」の秘密

メキシコのユカタン半島には、「チチェン・イツァ」というマヤ文明の遺跡がある。

ククルカンの神殿や戦士の神殿、天文台、球戯場など、高度な文明と技術を駆使した建造物が残っており、1年に2回、「ククルカンの降臨」と呼ばれる現象を見るため、世界中から観光客が集まってくることで知られている。

ピラミッドの4面に設けられた手すりに、マヤ神話の至高神ククルカン（羽毛のあるヘビ）の装飾が施されており、春分と秋分の日、太陽の光が手すりに当たると、光のヘビが浮かびあがり、あたかも天から降りてくるように見えるのだ。

太陽とピラミッドの4面の関係を精密に計算し、設計された仕掛けだ。

この遺跡には、生贄《いけにえ》が捧げられていた「セノーテ（聖なる泉）」もある。

マヤ文明は高度な文明と技術を誇った

生贄が捧げられたのは、干ばつのときや豊作を祈るときである。この地を征服したスペイン人の記録によれば、神官らは60日間に渡って禁欲や断食をした後、この泉にやってきて女性を投げ込み、吉兆を占ったという。

その女性は処女の美少女に限られ、日の出とともに投げ込まれたが、正午まで生きていれば、神のお告げを受けて帰ると信じられており、水中から引き上げられた。

また、宝石類も、多数投げ込まれたという記録も残っている。

多くの人は、そうした話を信じなかったが、１９０４年、アメリカの探検家エドワード・トンプソンが潜水して、多数の人骨と財宝を発見、マヤの言い伝えが事実であることが確認された。

また、広場の北西には「舞」の儀式が行われた低い祭壇がある。ここでいう「舞」とは、痛みに耐えかねて生贄がのたうち回ること。つまり、そこは、生贄の手足を押さえつけて、儀礼刀で胸を切り開いた場だったのである。そして、取り出された心臓は、戦士の神殿で神像に捧げられたのだった。

ナスカの巨大な地上絵
神秘のヴェールにつつまれた謎の絵の本当の目的

ナスカの地上絵は、ペルー南部の太平洋岸に位置するインカとナスカの間の荒涼とした平原台地に広がっている。幾何学図形に加え、鳥やクモ、サルなどの生物・植物などが描かれているが、その描き方は、暗赤褐色の岩を特定の場所だけ、幅1〜2メートル、深さ20〜30センチほど取り除いて、明るい色の岩を露出させるという方法である。そのため、赤茶色のキャンパスに、黄色いペンで線画を描いたように見える。

製作時期は、紀元前200〜紀元後800年頃と推測されている。当時のペルーは、インカ文明が栄える前のナスカ文明期で、美しい彩色土器や織物が発達していた。

地上絵には、それらに描かれたデザインと共通する図柄が少なくない。そこから、地上絵はナスカ文明の遺物ではないかとみられている。

地上絵が描かれた目的については、諸説入り乱れている。まず、地上絵の研究家として有名なドイツ出身の考古学者マリエ・ライフェは、夏至や春分、秋分のときに日の出、日没の方向と一致するものや、季節ごとに位置を変える星座を示すものを発見。動物の図も、星座だけでなく、季節ごとの主要な星の運行を示しているとして、地上絵は太陽の暦や天体観測台として使われたのではないかと唱えた。

また、地上絵を初めて学問的に研究したメヒーア・ヘスペは、地上絵は聖なる道路で宗教儀式に使ったのではないかと唱えたし、一筆書きになっていることから、雨乞いの楽団の通り道だったのではないかという説もある。

この地上絵は大きすぎて、空からでないとはっきり見られないため、セスナ機で遊覧飛行するのが、お薦めのコースとなっている。

ガラパゴス諸島
なぜ「魔法にかけられた島」と呼ばれるのか？

ガラパゴス諸島は、南アメリカのエクアドルに所属する123の島々と岩礁からなる地域。首都のキトから西へ960キロも離れた太平洋上に浮かび、独自の進化をとげた固有種が多数存在することで知られている。

この島は、かつて「魔法にかけられた島」と呼ばれたことがある。そう呼んだのは、1535年、ガラパゴス諸島を正式に発見したとされるスペインの司教トマス・デ・ベラルンガである。

伝道のため、南アメリカを訪ねたベラルンガ一行は、パナマを出航後、コロンビアの沖合で遭難する。

「もはや、これまでか」とあきらめかけたとき、目の前に現れたのが霧につつまれたガラパゴス諸島だった。

「神の恵み」と上陸すると、彼らはただちに飲み水を探した。しかし、島には一滴の水もなく、灼熱の荒れた土地にある水分は、サボテンから出る苦い汁だけだった。井戸を掘っても塩水しか出ず、やっと見つけたのは雨水による水たまりだった。だが、それも、すぐに底をつき、やがて仲間には脱水症状で命を落とす者が現れた。

しかたなく、ベラルンガらは、船を沖へ出し、そこで周囲にいくつもの島影を見る。これによって、周囲に島々が点在する諸島であることを確認するが、またもや激しい潮の流れに船が進まない。その間にも、脱水症状で仲間が一人死んだという。

ベラルンガ一行は、出航から約1ヵ月半後、なんとか大陸へ帰りつく。彼らは、ガラパゴスには、飲み水が1滴もないうえ、溶岩でできた島は作物の栽培にも適していなかったことから、帰国後、この島のことを「魔法にかけられた島」と呼んだのである。

進化論の父・チャールズ・ダーウィンが、ガラパゴス諸島に滞在したのは18

35年のこと。ベラルンガ一行の上陸から、ちょうど300年後のことだった。

グランドキャニオン 大渓谷ができるのに何年かかった？

アメリカのロザンゼルスやラスベガスから、小型機で1、2時間飛ぶと、眼下にグランドキャニオンの壮大な景観が広がりはじめる。コロラド川流域に全長400キロにわたって続く大渓谷は、地球の歴史を物語る奇観中の奇観として世界的に知られている。

現在、地球は46億歳。その間に形成された地質は、大きく4つに分けられる。最も古いのは先カンブリア時代、そして、古生代カンブリア紀、古生代石炭紀、古生代ペルム紀である。グランドキャニオンでは、これら4つの時代の地層がむき出しになっているため、地球の成り立ちを目の当たりにすることができる。

古い地層をもつグランドキャニオン一帯が、地殻変動によって隆起したのは、いまから7000万年前のこと。それから3000万年後、コロラド川による侵食がはじまった。その侵食は約3500万年続くと、峡谷は深まり、古い地層がむき出しになってきた。現在の姿になったのは、約200万年前といわれている。

もっとも、グランドキャニオンの地層には、ある時期の地層が欠落している。およそ17億年前、堆積岩が堆積したり、地面が隆起して、この一帯は現在のロッキー山脈よりも高い山脈となったが、その後、徐々に侵食され、12億年前には、再び高低差のない平原となった。そのため、きれいに削りとられた。この時期の5億年分の地層が抜け落ちている。

ヨセミテ国立公園
世界でもっとも写真撮影された木の秘密

アメリカのヨセミテ公園は、カリフォルニア州の中央部に広がる国立公園である。シエラネバダ山脈の西山麓に広がり、面積は東京都より少し広い。

公園全体の89％は、手付かずのままで、多様な植物、動物の生息地域で、1984年に世界自然遺産に登録されている。

世界的に観光地としても有名で、年間350万人が訪れているが、ほとんどの訪問先は、公園全体の1％にも満たないヨセミテ渓谷に集中している。そこでの見所は、そそり立つ白い花崗岩の絶壁、巨大な滝、ジャイアントセコイアの巨木の林、澄んだ大小の川などだが、かつて、ここには、世界でもっとも写真撮影された巨木があった。

それは、樹齢2700年と推定されたジャイアントセコイアで、幹の直径が約10メートルもあった。1875年、ある男が1本のジャイアントセコイアを9日間かけて切り倒し、万国博覧会に出品したが、「作り物にちがいない」と疑われ、ほとんど話題にもならなかったというエピソードも残っている。

そこで、地元の人たちは、1881年、1本の巨木の幹にトンネルを開け、そこを馬車で通り抜けるアトラクションを考え出した。

これが大うけして、ヨセミテの知名度は一気にあがった。すると、幹のトンネルを馬車で通り抜けるところが写真に撮られ、世界中で話題となった。やがて、このトンネルツリーは、ヨセミテ国立公園のシンボルとなり、一時期は「世界でもっとも写真撮影された木」と呼ばれた。

ところが、１９６９年、その巨木が雪の重みに耐えかねて倒壊。そのことも、世界中に写真が配信されて、大きな話題となった。現在では自然保護意識が高まっているので、今後、巨木に穴を開けてトンネルツリーが再現されることは、ありえないだろう。

ロス・グラシアレス国立公園
豪快な氷河の崩落が起きるカラクリ

「ロス・グラシアレス」とは、スペイン語で「氷河」を意味する。その名を冠したこの国立公園には、南極、グリーンランドに次いで世界第3位の大きさの氷河がある。場所は、アンデス山脈の南端、アルゼンチンのパタゴニア地方である。

といっても、世界中に氷河はたくさんあるのに、この地域が世界遺産にも登録されているのは、氷河が崩落する豪快なシーンを目の当たりにすることができるから。ときには、高層ビルひとつ分に相当する氷塊が崩れ落ちることもある。それほど壮大な光景が展開されるのは、ここの氷河が活発に動いているためだ。

南アメリカ大陸南端のパタゴニア地方には、３０００メートル級の山々が連なっている。湿気を含んだ偏西風が、その山脈にぶつかると、大量の雪が降り積もる。やがて、その分厚い雪の層は凍ってしまうが、この地域は真冬でも気温が氷点下５℃前後までしか下がらないため、氷河は溶けたり、凍ったりを繰り返す。その上にも雪が積もるので、その重みで、氷河は山の斜面を押し出されていく。そして、先端がアルヘンティーノ湖の細長い水路をせき止めてしまう。すると、水路の流れが阻まれて水位が上昇、その圧に耐えられなくなった氷河が崩落するというわけである。

しかも、その氷河は、空気をほとんど含んでいないので、青い光だけを反射する。そのため、ロス・グラシアレスの氷河は、特有の美しさを放つ青い氷河としても知られている。

テーブル・マウンテン「陸の孤島」はどうやって誕生したか？

「陸の孤島」といえば、地震や土砂崩れといった災害で道路が寸断され、孤立した山村を思い浮かべる人が多いだろうが、南米には、1994年に世界自然遺産に登録された天然の陸の孤島がある。ベネズエラの南東部からブラジルへと広がるギアナ高地に十数ヵ所も見られるテーブル・マウンテンである。

頂上はテーブルのように平らだが、周囲は断崖絶壁。その標高は2000メートルを超えるため、ヘリコプターでもチャーターしなければ、行き来もできない。なかでも、「アウヤンテプイ」と呼ばれるテーブル・マウンテンは、その頂上部分の面積がほぼ東京23区と同じ。上空から見ると、馬のひづめのような形をしている。

このギアナ高地のもっとも古い地層は、17億年も前のもの。その後、大陸が分

第二のガラパゴスともいわれるテーブルマウンテン

裂しはじめ、その地殻変動で、ギアナ地層の強固な岩盤部分が隆起、山脈となった。その後、年間を通じて多い雨に打たれること数億年。強固な岩盤も、風雨にさらされ続けて少しずつ侵食され、いまから数千年前には現在の姿になったと考えられている。

そんな大昔から周囲と隔絶されてきたため、頂上部分には、太古の昔に取り残された動植物が独自の進化をとげて生息しており、「第2のガラパゴス」とも呼ばれている。

6

神秘のパワーを感じる場所は世界にある

〈アジア・アフリカ・オセアニア編〉

ピラミッド
ピラミッド・パワーとはそもそも何か？

エジプトのギザにあるクフ王のピラミッドを見学していたアントワーヌ・ボビーという男性は、ふと疑問に思った。「ピラミッド内に残された遺体がミイラ化しているのは、なぜなのか？」そして、「それは、ピラミッドの形になんらかのパワーが秘められているからではないか？」と彼は考え、再現実験を行った。

それが「ピラミッド・パワー」について考えた最初の例といわれる。この「ピラミッド・パワー」という言葉を世界に広めたのは、チェコスロバキアのプラハに住んでいた電気技師カルル・ドラバルである。1949年、彼が「髭そり刃の保存装置」を作り、特許申請をしたことが、そのきっかけだった。

彼は、ピラミッドの1000分の1の模型をボール紙で作り、その内部に100回使った髭そりの刃を入れておく実験を行った。そして、ちゃんと切れるよう

クフ王（左奥）とカフラー王のピラミッド

に再生できたと主張し、特許の申請を行った。

そのときは、きちんとしたデータをつけて再申請するようにと突き返されてしまった。

そこで彼は、もう一度実験を行い、髭そりの刃が再生されるという実験結果と、太陽から来る極超短波とピラミッド型の共鳴空洞の間に特別な関係があり、それによって刃を再生するエネルギーが生じるという仮説を含めて提出した。

これがプラハの特許局で承認されると、ピラミッドパワーをめぐる噂が世界中へ広まっていった。

そして、髭そりの刃だけでなく、野菜や肉、魚から人体、精神までも再生できると宣伝されるようになり、日本でも金属枠のピラミッド模型が発売され、ヒット商品となった。

いまでも、ピラミッド型には、精神を集中させたり、悟りを開いたりさせる効果があると説く人がいる。ただ、科学的根拠がないため、疑似科学の一つと考えられている。

ペトラ
バラ色の神殿をもつ「幻の都」

中東ヨルダンの南西部に、「幻の都」と呼ばれるペトラ遺跡がある。死海とアカバ湾の間の渓谷にあり、遺跡の街は、巨大な岩塊の裂け目を道路とし、その岩壁の奥につくられている。

そのため、１８１２年にスイスの探検家に発見されるまで、ヨーロッパには知られていなかった。

現在、この「幻の都」は、中東を代表するパワースポットとして観光客を集めているが、岩山の中に街がつくられたのは、この街を築いた古代ナバテア人が、岩山が神と人間との神聖な住みかと考えていたからという。

古代ナバテア人は、紀元前1世紀頃から、アラビア半島北部の砂漠で遊牧民として暮らし始めたといわれている。やがて、古代世界で求められた乳香や没薬《もつやく》

（健胃剤）、死海から採れるアスファルトなどの交易によって富を築くと、ペトラの街を築いた。そして、ペトラを拠点に、南アラビアや紅海から交易品をシリアへ運ぶキャラバン隊の中継基地として栄えた。

今日でも、ペトラの遺跡へは徒歩か、馬でしか行けない。遊歩道をしばらく行くと、見えてくるのがオベリスク墳墓である。そびえ立つ岩壁をくり抜いて2階建ての墓とし、その正面には4つの尖塔が彫られている。このように、岩壁に穴をあけ、正面を彫刻することで住居や市場、5000～7000人も収容できるという大劇場、大浴場、墓などの建造物がつくられている。

さらに進んでいくと、突然、ギリシア神殿を思わせるような荘厳な石造建築が現れる。正面には、ギリシア神殿と同じくコリント式の柱が彫刻されている。岩肌が赤砂岩であるため、神殿全体がバラ色に見える。

古代ナバテア人が、岩山の裂け目の間に街を築いた理由は、岩山を神聖視する他に、じつは、もう一つ現実的な理由があった。当時、中継貿易で繁栄していた彼らがもっとも恐れたのは、宝物を狙う他民族や強盗団。出入り口の限られたペトラで、常に侵入者を監視することで、自分たちの財産と命を守ったのである。

また、岩山の中の街では、水の確保が難しそうだが、彼らは岩壁に陶製の水道管を張りめぐらせ、外の泉から水を確保した。

アブ・シンベル神殿
年に2回だけ神々の像が闇に浮かぶのは？

ユネスコの「世界遺産」創設のきっかけとなったのは、エジプトの「アブ・シンベル神殿」である。紀元前13世紀、ラメセス2世によって建てられた。彼は、エジプト第19王朝の第3代ファラオで、多くの神殿を建造し、「大王」と呼ばれた。

同神殿は、砂岩でできた岩山を掘り進めて造った岩窟神殿で、太陽神ラーを祀った大神殿と、愛と美の女神ハトホルを祀り、最愛のネフェルタリ王妃に捧げたという小神殿からなる。

大神殿は高さ33メートル、幅38メートルという壮大なもので、正面には、高さ

20メートルのラメセス2世の巨大な4つの座像が並んでいる。この巨像と内部の浮き彫りなどの美しさにおいて、エジプトの遺跡でも、有数の価値をもつと評されている。

この神殿に、毎年、世界各国から多数の人々が集まってくるのが、2月22日と10月22日の年2回。その日、太陽の光が神殿の奥まで届き、そこに安置された4体の神像が闇に浮かぶからである。朝日に照らされた神々しい像を見ることで、約3400年前に生きたファラオの権勢をしのぶことができる世界的なパワースポットとなっている。

ちなみに、このアブ・シンベル神殿は、長く砂の中に埋もれていたが、1813年に小壁の一部が発見され、その4年後、出入り口が発掘された。1960年代には、アスワン・ハイダムの建設計画によって水没の危機に直面するが、世界的な保存運動が巻き起こった結果、元の位置から約60メートル上方で、ナイル川から210メートル離れた丘の上に移築された。

この保存運動がきっかけで、世界遺産が創設されるのだが、神殿の場所を動か

ラメセス２世の巨大な４つの座像

したことで、神殿奥の神像が闇に浮かぶ日が1日ずれることになった。

アンコール・ワット
圧倒的なスケールと優雅さを誇る石造寺院の秘密

カンボジアの首都プノンペンから、北西へ約250キロ。飛行機で約1時間のところにシェムリアップという都市がある。その中心部から北へ約6キロに、かつてのクメール人の栄華を伝えるアンコール遺跡がある。

その遺跡群の中心が、世界最大級の石造寺院として知られ、いまや東南アジアを代表するパワースポットといえる「アンコール・ワット」である。

9世紀頃に成立したアンコール王朝は、その最盛期には、インドシナ半島のすべてを手中におさめる大国だった。首都であるアンコールの人口は約50万人に達していたとみられる。

現在、シェムリアップ周辺には1000に近い寺院遺跡が残されているが、なかでも圧倒的なスケールと優美さを誇るのが、このアンコール・ワット。12世紀前半、ビシュヌ神をまつるヒンドゥ寺院として建てられた。

と同時に、王城でもあり、王家の墓でもあった。つまり、アンコール・ワットは、寺院、宮殿、霊廟という3つの役割を兼ね、ヒンドゥの世界観を現している。

当時の信仰では、人は木造、神は石造りの館に住み、王は、死後、神と一体化すると考えられていた。そのため、生前の王は木造の宮殿に住み、死後、この石造りの寺院に葬られた。また、寺院中央の塔堂は、ヒンドゥ教でも世界の中心とされる須弥山《しゅみせん》を、周りの壁はヒマラヤを、さらに回りの濠は大海原を現している。

ちなみに、寺院全体は、南北1300メートル、東西1500メートルの濠に囲まれている。正面は西方を向き、濠から西大門に向けて石畳の表参道が伸び、西大門には3つの塔がある。西大門をくぐると、参道の両脇に、2つずつの経蔵と聖池が配されている。

中央には、3つの回廊からなる中央祠堂があり、第1回廊と第2回廊には、マハーバーラタ物語などをモチーフにした素晴らしいレリーフが施されている。

そして、第三回廊の四隅と中央に、5つの頂きをもつ須弥山をモチーフとした尖塔があり、見る位置によって、この尖塔は3つに見えたり、5つに見えたりする。

江戸時代初期には、祇園精舎との混同もあって、すでに日本人にとっても憧れのパワースポットだったようで、1632年（寛永9）には、森本一房という平戸藩士が父母の菩提を弔うために参拝している。このとき彼が書いた「御堂志為千里海上渡（御堂を志し数千里の海上を渡って）」という〝落書き〟が、第一回廊と第二回廊の間にある石柱に残っている。

ボロブドゥール寺院
仏教の世界観をどう現しているのか？

インドネシアのジャワ島の中部に、ジョグジャカルタという古い都市がある。そのジョグジャカルタから北西へ約40キロのところに、インドネシアを代表する

世界最大級の仏教寺院「ボロブドゥール」

パワースポットであり、世界最大級の規模を誇る仏教寺院「ボロブドゥール」がある。

この寺院は、8世紀後半から9世紀前半にかけて、中部ジャワ地域で栄えた海洋王国シャイレーンドラ王朝によって建てられたとみられる。まず、天然の丘に盛り土がされ、一番下には一辺が123メートルもある方形の壇があり、そのうえにも方形の壇があって、最上部には円形壇がある。

その円形壇の最上部はストゥーパ（釈迦の遺骨や遺物などを納める建造物）となっていて、現在は一部が欠けているため、高さ31・5メートルだが、完成当初の高さは42メートルだったと伝えられている。

ただし、他の仏教寺院と違って、建物の内部に空間がなく、人が中へ入ることはできない。寺院を訪れた人は、右回りにグルグル回りながら、頂きを目指してただ登っていくことになる。こうした階層構造は、仏教の世界観を表すとされている。

地下に隠れている部分は「欲望の界」とされ、戦争やウソ、愛欲など、人間の負の側面が１６０点のレリーフに描き出されている。

また、地上の最下層は、欲望は超越したものの、物質的条件にとらわれた「色界」で、回廊の壁面には、仏教説話に基づいた精巧なレリーフが施されている。

その上が、欲望も物質的条件も超越し、ただ精神作用にのみ住む「無色界」で、円壇の３層のテラスには釣鐘型のストゥーパが規則正しく並んでいる。

さらに、最上部のストゥーパが「天上界」とされ、すべてを超越した神々や天人が住むとされる最上界である。

人は、この寺院の階層を登っていくにつれ、欲望と罪悪に満ちた世界から、それらを超越した世界へ移っていくものとされる。つまり、悟りをめざす菩薩の修行を表現している。

このボロブドゥール寺院には、年間約１００万人の観光客が訪れる。また、現在イスラム国のインドネシアには、仏教徒は０・４％しかいないが、多くの小学生らが遠足や社会見学として訪れている。

ゴール市街
大津波のときに起きた信じられない「奇跡」

遺産というものは、受け継いだ者が守っていくもの。しかし、ときには「遺産が受け継いだ者を守ってくれる」こともある。

２００４年12月26日午前８時頃、インドネシア・スマトラ島沖で、マグニチュード９・３の地震が発生した。22万人を超える犠牲者を出すことになった、あの巨大地震である。

震源直近のインドネシア・アチェ特別区をのぞけば、被害のほとんどは津波によるものだった。津波は、インド洋を横断し、その沿岸のほとんどの地域に甚大な被害をもたらした。とくに、インド洋をはさみ、スマトラ島に対面するように浮かんでいる島国のスリランカは、深刻な被害を受けた。

ところが、このスリランカにあって、奇跡的にほとんど被害を受けなかった地域がある。ゴール市の一部、旧ゴール市街である。

旧ゴール市街は、インド洋に出島のように突き出している人口２０００人ほどの地域。16世紀から、ポルトガル、オランダ、イギリスの植民地支配の重要拠点だったところだ。スリランカは仏教国だが、旧ゴール市街には、オランダ改革派教会、イギリス国教会のオール・セインツ教会など、ヨーロッパ風の建築物が軒を並べている。往時の面影を色濃く遺す町並みが、世界遺産に登録されている。

植民地時代に築かれたものは、町並みだけではない。街の周囲、つまり海岸線を堅牢に囲む城壁もまた、世界遺産に含まれている。

植民地時代、ゴールは、香辛料や宝石を積み出す港として重要な機能を果たしていた。それだけに、他国の勢力から襲われるリスクも高かったため、海岸には、花崗岩を積み上げて城壁が築かれたのだ。しかも、この城壁、数十台の大砲を据えるために、とりわけ堅牢なつくりになっている。

この城壁が、２００４年、押し寄せる津波から２０００人の住民を守ったのだ。というわけで、この城壁には今、「奇跡の世界遺産」という新たな呼び名がある。

アジャンター石窟寺院
偶像崇拝がタブーの時代にどんな壁画を描いた？

以前、日本の学生が世界遺産に落書きをし、世間の非難を浴びたことがある。では、この場合は、どうなのだろう？

1819年、インドの山奥でトラ狩りをしていたイギリス人士官ジョン・スミスは、大きなトラに襲われて、ジャングルに逃げ込んだ。そこで発見したのが、アジャンターの石窟寺院だ。この発見がよほどうれしかったのか、スミスは、石窟の入り口にしっかり自分の名前を彫りつけている。

もっとも、スミスがトラに襲われて食われていたら、この世界遺産はその後も長く密林に眠っていたかも知れないわけで、命と引き替えの大発見とあれば、落書きした気持ちもわからないわけではないが。

アジャンター石窟寺院は、ワゴーラー川岸の絶壁をくりぬいて築かれた大小30

の石窟で構成される。もとは紀元前1世紀頃、自然の洞窟を発見した仏教徒たちが、そこに住み着き、僧院や礼拝堂にしたのがはじまりとみられる。

ところが、2世紀頃、この地はいったん見捨てられる。そして300年の空白の後に、5世紀頃、再び仏教徒が集まりだして、新たな石窟を開拓し、壁画を描き、仏像を彫った。つまり、アジャンターの石窟寺院は、第1期と第2期にわかれるのだ。

おもしろいことに、1期と2期では、仏教の性格がまるで違っていること。1期のころは原始仏教期で、偶像崇拝が禁止されていた。つまり、仏陀の姿を絵や彫刻にして拝むことはできなかったのだ。だから、その時期につくられた石窟に仏像はなく、ストゥーパ（仏塔）があるのみで、壁画にも仏陀は描かれていない。かわりに、菩提樹や法輪を描いて、それを仏の象徴として崇拝していたようだ。

一方、2期の石窟には、仏像がある。とくに、第26窟の横たわる釈迦涅槃像などは、全長7・3メートルという規模といい、その穏やかな表情といい、仏教彫刻の傑作として有名である。

エローラ石窟群
なぜ1つの寺院に3つの宗教が「棲み分け」している？

現代に残る遺跡のなかで「どうやってこんなものを造った！」部門があるとすれば、ピラミッドやアンコールワットと並んでトップを争うのは、このエローラ石窟群だろう。

エローラのなかでも、もっとも大規模な石窟、カイラーサ寺院を見てみよう。入り口の門から、最奥のヴィマーナと呼ばれる高塔まで、一連の建造物は、ブリッジ状の空中回路でつながれていて、その奥行きは約90メートル、高さは30メートルもある。

それだけの建物を、なんと一枚岩からコツコツと掘り出しているのである。通常の石窟寺院のように洞窟の内壁だけを掘るのではなく、外壁をもつ独立した建造物を掘り出しているのだ。

石窟寺院が２キロにわたって連なる「エローラ」

エローラには、このカイラーサ寺院をはじめとして、ぜんぶで34の石窟がある。すべてがこの〝掘り出し〟形式ではないが、さまざまな規模の石窟寺院が、南北2キロにわたたって連なっているのだ。

このエローラ石窟群には、もうひとつユニークな特徴がある。仏教、ヒンドゥー教、ジャイナ教の三宗教の石窟が共存していることだ。現在、石窟には番号が振られていて、南の第1～12窟、これが仏教の石窟。次の第13～29窟がヒンドゥー教、前述のカイラーサ寺院は第16窟で、ヒンドゥー教の石窟だ。そして第30～34窟がジャイナ教の石窟となる。

なぜ、そんなことが可能だったのか。それは、つくられた時期が異なるため、と説明される。仏教窟は6～8世紀、ヒンドゥー教窟は7～9世紀、ジャイナ教窟は8～9世紀。たしかに、建造時期は微妙にズレてはいるが、重なっている時期もある。ひとつひとつの石窟を掘るのに長い年月を要したことを考えれば、同時期に異なる宗教の石窟の建造が行われていたことは明らかだ。

これは、当時このデカン地域を支配したラーシュトラクータ朝が、諸宗教の共存に寛容だったためと考えられている。この石窟群は、「宗教が違う」ことがテロや殺戮の理由にもなる現代よりも、穏やかで平和的な考え方が千数百年も前にあったことを示す証拠だともいえるのである。

シギリヤ　岩山に描かれた500人の美女の正体

スリランカのうっそうとしたジャングルに、ニョッキリ突き出たような岩山、それがシギリヤ・ロックだ。高さ200メートルほどの岩山が垂直に切り立ち、テーブル状になった頂上には、約1・6ヘクタールにおよぶカッサパ王の宮殿跡がある。

切り立った崖の途中には、色鮮やかな半裸の美女たちの壁画が描かれている。かつては500人500体ほどが描かれていたらしいが、今ではわずか18体が遺るのみ。しかし、その豊満な身体、きらびやかなアクセサリー、あでやかで気品に満ちた表情――その姿を一目見ようと、世界中から観光客が訪れる。

この〝シギリヤ・レディ〟、いったい何のために描かれたのか。それには、いくつかの説がある。

ひとつは、カッサパ王が父の供養のために描かせたという説。カッサパは、王位継承をめぐって、腹違いの弟を追放し、実父である王を幽閉の末、殺害した。そうして王位についたものの、今度は弟モッガラーナがいつ逆襲してくるかと不安の日々を送った。それで、こんな崖の上に要塞のような宮殿を建てた。この壁画は、父を殺したことを後悔したカッサパが描かせた天女の姿だというのだ。

かと思えば、まったく反対の説もある。王になったカッサパは、わが世の春を謳歌し、山のふもとに500人の美女を囲っていた。このレディたちは、ハーレムの美女たちだ、というのだ。

このシギリヤ・レディ、聖なる天女か、それとも俗界の美女なのか、依然、美女たちのキャラクターは謎に満ちている。

シギリヤレディは、聖なる天女か、俗界の美女か

莫高窟
800年も放置されたのに保存状態がいいのは?

その昔、楽僔《がくそん》という旅の僧が、敦煌《とんこう》を訪れた。敦煌はシルクロードを旅する者にとって、貴重なオアシスだったのだ。夕暮れどき、楽僔が眼前の三危山を見上げると、そこには金色の光が輝き、千の仏の姿が見えたという。これを見た楽僔は感動し、この地で洞窟を掘って修行にはげんだ。それが、敦煌莫高窟《ばっこうくつ》の始まりといわれている。336年、北涼《ほくりょう》王朝の時代である。

以来、北涼、北魏、西魏、随、唐、五代、宋、西夏、元と王朝は代わっても、約1000年という長い年月をかけて、コツコツと掘り続けられたのが、莫高窟である。

現在、石窟寺院の数は約500。内部には鮮やかな壁画が描かれ、おびただしい数の塑像がのこされている。壁画の総面積は4万5000平方メートル、塑像

砂に守られた遺跡「莫高窟」

は400体にもおよぶ。

しかし、この莫高窟が、世界最大の仏教遺跡といわれる理由は、その規模だけではない。ここは、シルクロードの中継点、文化の貴重な〝通り道〟だった。約1000年の間に、インドに発した仏教文化、中国文化にくわえ、西域近隣民族、中央アジアの影響、遠くギリシャ、ローマのほのかな影響を受けてきたことを石窟の壁画は克明に物語っている。

なかでも1900年に発見された「敦煌文書」は、重要な文化遺産である。石窟の奥に、塗り固められた小窟があることを、僧が偶然発見する。すると、そこには、5万冊に及ぶ古文書、経典、仏画などが隠されていた。それが、当時の歴史、政治、経済、言語、医学などを知る貴重な資料だったのだ。

それにしても、この莫高窟。最古のものは1700年も昔のもの、ということになる。そのわりには、壁画も鮮やかで、塑像などの保存状態も良好だ。その理由は、砂漠に囲まれた、そのロケーションにある。礫岩でできた山の側面に掘られた石窟は、ほうっておけばすぐに砂に埋もれてしまう。しかし、砂に埋もれることで、風化を免れたと考えられている。敦煌莫高窟は、砂に守られた遺跡だったのだ。

武陵源
その奇観が世界に知られた意外な「きっかけ」

高さ300メートル、そそり立つ奇岩の頂上までいっきにのぼりきるエレベーターがある。

そのエレベーターを降りて、頂上から見渡すと、〝岩の柱〟が林立している。平均300メートル、高いもので400メートル近くあるというその岩の柱は、一つひとつをみてもまさしく壮観。しかも、そんな岩の柱が、3000以上も立ち並んでいるのだ。

それだけではない。天下第一橋と呼ばれる天然の〝橋〟は、二つの柱の上部がつながって、人が行き来できるようになっている。高さ357メートル、長さ40

メートル、幅わずか2メートル、世界でももっともスリリングな観光スポットのひとつだろう。

そういう奇観が広がる武陵源は、中国湖南省の西北部、総面積264平方キロメートルという、広大な領域だ。その昔、この地域一帯は海の底だった。それが、1億8千万年前から続く地殻変動で隆起して露出し、比較的やわらかい砂岩が浸食された結果、固い珪岩《けいがん》が柱状に残って、このような景観になったと考えられている。

しかし、それにもまして不思議なのは、これだけのスケールの景観が、どうして今まで広く知られなかったのか、ということ。武陵源が外部に知られるようになったのは、1984年のこと。今からわずか30年余り前のことにすぎないのだ。

この地域、その険しい地形のために、外界からほぼ遮断されていた。付近にわずかながら住民はいたのだが、他の部族との交流がほとんどなかったため、この奇観の存在は、外界にはほとんど知られていなかったのだ。

そして1984年、鉄道計画がきっかけで、この奇岩群は人目に触れることに

“岩の柱”が林立する武陵源

なった。その後、急ピッチで観光化が進み、今ではエレベーター完備の観光地であることは、前述のとおりだ。

楽山大仏
大仏建立によって水難事故が減ったのは？

奈良の大仏や竜門石窟などの巨大な建造物は、いわば公共事業のようなもの。その多くは、時の権力者によってつくられたものだ。

しかし、この楽山大仏、海通という一人の僧侶によってつくられた。といっても、一人でコツコツと彫り上げたという意味ではない。海通自身が陣頭に立ち、資金となる布施を集め、信者たちの協力を得て、この大事業を成し遂げたのだ。

90年もの歳月をかけて完成した（海通自身は完成を見ずに亡くなった）楽山大仏は、高さ71メートル。奈良の大仏の約5倍の高さを誇る世界最大の大仏だ。中国・四川省、仏教の聖地峨眉山《がびさん》と合わせて、世界遺産として登録されている。

いったいなぜ、海通は、こんなに大きな大仏をつくろうとしたのか？

この大仏の足下には、岷江《みんこう》という川が流れている。ちょうどこのあたりで、大渡河、青衣江という2つの河が流れ込むため、流れが急なうえに不安定で、水難事故が頻発した。これに心を痛めた海通が、仏の力でこれを鎮めようと、大仏建立を思い立ったのだ。

しかしもちろん、お上の力に頼らない大事業は困難をきわめた。「こんな工事は認められない。続けたかったら賄賂をよこせ」と、邪魔をする役人もいた。あるとき、役人が「工事を中止しないなら、お前の目玉をえぐりとってやる」と、暗に賄賂を要求して海通を脅すと、「大仏のために集めたお布施を渡すわけにはいかない。私の目玉でよければ持っていくがいい」といって、自ら目玉をえぐりとってみせた。以来、邪魔をする役人はいなくなったという。

さて、いよいよ大仏が完成すると、果たして水難事故は激減した。大仏様の霊験か。いや、大仏をつくるために掘り出した大量の土砂が、川底を埋めたため、川の流れがゆるやかになったのだ。

ジェンネの大モスク
〝泥製〟の巨大建築が崩れないのはなぜ？

西アフリカのマリ共和国の首都バマコから、北東へ574キロのところにジェンネという街がある。ニジェール川とその支流にはさまれ、川の氾濫によって運ばれた泥によってできた土地に生まれた街で、12世紀頃からサハラ交易の中継地として栄えてきた。

当時は、北からは砂漠で採れた塩や宝石が、南からは農産物や象牙、黄金などが運び込まれ、アラブ人やベルベル人の商人たちが行き交った。商人たちは、異国の商品や文化だけでなく、自分たちの信じるイスラム教もこの地に伝え、1300年頃には街の中央広場に大モスクが建てられた。初期の建物は、16世紀以降の戦乱によって破壊され、フランス植民地時代の1907年に再建された。

ジェンネの大モスクの特徴は、泥によって建造されていることである。もともと、ジェンネは、氾濫原にできた街であり、石や木材といった通常の建築資材に乏しい。そのうえ、日中の気温が50℃にも上る炎暑の土地柄でもある。そんな場所でも、泥ならいくらでも手にはいるし、泥の建物なら断熱効果が高く、暑さ対策にもなる。

そこで、ジェンネの人々は、民家はもちろん、モスクさえも、泥製の日干しレンガを積み上げ、補強材としてヤシの木を突き刺して骨組みとし、周囲を泥で塗り固めることで巨大建造物を建設した。敷地は約56メートル四方、高さも約20メートルあり、現在でも泥の建物としては世界最大規模。１９８８年に世界文化遺産に登録された。

もっとも、泥の建物といえば、雨や風にさらされて崩れ落ちないかと心配になるが、それを防ぐため、毎年5月頃、街の男性総出で修復作業が行われている。6月～9月の雨季に備え、モスクに新しい泥を塗りつけて固めるのである。

作業は市民のボランティアによって行われ、年に一度のこのイベントが、約１万５０００人のジェンネ市民の心をひとつにする重要な儀式となっている。

グレート・ジンバブエ国立遺跡
謎の都市の創建者をめぐる3つの説とは？

東アフリカのジンバブエ共和国の「グレート・ジンバブエ国立遺跡」は、首都ハラーレの南方約300キロに位置し、約80ヘクタールの広さをもつ石造りの大都市跡。1986年に文化遺産に登録されている。

遺跡のなかでも、とりわけ目を引くのは、花崗岩の丘の上に建てられた通称「アクロポリス」と呼ばれる石造建築群と、長さ100メートルで幅80メートルの楕円形をした「神殿」、そしてアクロポリスと神殿の間にある石像の住居群である。

これらの建造物は、積み上げられた石が美しい曲線を描いていることや、勾配がつけられていることから、建築構造や力学などを熟知した人物が設計したとみられている。

ところが、いったい、いつ頃、誰が築いたものかは、いまだ明らかになっていない。創建者をめぐっては諸説あるが、それらの説には、二人の〝ビッグネーム〟が登場する。

一人は、南アラビアに紀元前9世紀には成立していたとみられるシバ王国の女王である。その理由としては、グレート・ジンバブエ国立遺跡の楕円形の神殿が、南アラビアのピルキスの宮殿によく似ていることや、遺跡の建設を紀元前9世紀と考えれば、当時、アラビア、インド、中国の交易の中心がシバであり、遺跡の周辺からも、その頃の陶器の破片やガラス玉が見つかっていることが指摘されている。

二人めは、古代イスラエル王国のソロモン王である。ソロモン王に数々の財宝を届けたという伝説の鉱山オフルが、モザンビーク近くにあったという言い伝えから、グレート・ジンバブエは、ソロモン王が財宝の隠し場所として建設したという説が唱えられた。

グレート・バリア・リーフ 春になると白く濁るのはなぜ？

オーストラリア東岸一帯に広がるグレート・バリア・リーフ。

２００万年前から生息するさんご礁が少しずつ成長をつづけ、現在では全長２０００キロ、面積約35万平方キロという世界最大のさんご礁となっている。美しい海には、サンゴ礁に囲まれた島々が点在し、世界でも有数のダイビング・スポットにもなっている。

上空からグレート・バリア・リーフを一望すると、太平洋の濃紺の海面が、陸地に近づくにつれて、明るい青色に変わっていく。大陸棚とサンゴ礁のために水深が一気に浅くなり、光が透過しやすくなるためである。

ところが、その明るい青色の海は、春が終わりを迎える頃、数日間だけ白く濁ってしまう。先住民のアボリジニは、それを超自然現象と考え、その時期を特別視してきたが、その正体を突き止めてみると、白濁の原因は、サンゴの放出する精液だった。

サンゴは腔腸動物であり、サンゴ礁は、腔腸動物のポプリ（サンゴ虫）の群体がつくる造礁サンゴと石灰藻類から形成され、その中に海中の堆積物が固まってくっついたものである。腔腸動物のポプリの大きさは、1体が数ミリ程度だが、春の終わりになると、繁殖活動をはじめた無数のポプリが一斉に精液を放つ。そのために、明るい青色の海が、アッという間に白く濁ってしまうのである。

受精卵は2、3日でかえり、幼生となる。1〜2週間後、幼生は海底の岩に付着してポプリへと変態する。海中のプランクトンをエサに成長し、やがて、ポプリはコロニーを形成して群体をつくっていく。この群体の形はさまざまで、この群体が無数に集まり、全体としてサンゴ礁を形成している。

◆参考文献

「神社と神々知れば知るほど」井上順孝監修（実業之日本社）／「面白いほどよくわかる神道のすべて」菅田正昭（日本文芸社）／「世界遺産いま明らかになる7つの謎」探検ロマン世界遺産取材班（講談社＋α新書）／「図解雑学・世界遺産建築の不思議」天井勝海監修（ナツメ社）／「日本の世界遺産ミステリーツアー」歴史雑学探偵団編（東京書店）／「世界謎と発見事典」三浦一郎監修（三省堂）／「日本列島なぞふしぎ旅」山本鉱太郎（新人物往来社）／「全国科学ゼミナール事典」西岡秀雄監修（三省堂）／「京都妖怪紀行」村上健司（角川書店）／「京都魔界マップ」（洋泉社）／「全国パワースポット完全ガイド」（椎出版社）／「このパワースポットがすごい！」若月佑輝郎（PHP文庫）／「世界遺産いま明らかになる7つの謎」探検ロマン世界遺産取材班（講談社＋α新書）／「図解雑学・世界遺産建築の不思議」天井勝海監修（ナツメ社）／「日本の世界遺産ミステリーツアー」歴史雑学探偵団編（東京書店）／「いつか絶対行きたい世界遺産ベスト100」小林克己（三笠書房）／「21世紀世界遺産の旅」（小学館）／「世界遺産検定公式基礎ガイド（2008年版）」城戸一夫、吉岡淳（毎日コミュニケーションズ）／「世界遺産なるほど地図帳」（講談社）／「世界遺産珠玉の80選」富井義夫（JTBパブリッシング）／「世界の歴史」（中央公論社）／「世界の歴史」（講談社）／「100問100答・世界の歴史」歴史教育者協議会編（河出書房新社）／「古代エジプトなるほど事典」吉村作治監修（実業之日本社）／「世界謎と発見事典」三浦一郎監修（三省堂）／「人物世界史1・2」今井宏編（山川出版社）／「総集編世界史知ってるつもり」（以上、新人物往来社）／「学校では教えてくれない失われた文明の謎」（学研）／「世界不思議物語」（リーダーズダイジェスト社）／「世界不思議百科」コリン・ウィルソン、ダモン・ウィルソン（青土社）／「物語ラテン・アメリカの歴史」増田義郎（中公新書）／「地中海世界」弓削達（講談社現代新書）／「日本の歴史」（中央公論社）／「日本の歴史」（小学館）／「全国科学ゼミナール事典」西岡秀雄監修（三省堂）／朝日新聞／読売新聞／ほか
（以上に加え、各神社などのウェブサイトを参考にさせていただきました）

※本書は、『世界で一番ふしぎなパワースポットの地図帳』（２０１０年／小社刊）、『世界遺産迷宮の地図帳』（２００８／同）をもとに、改題・加筆・修正のうえ、再編集したものです。

青春文庫

誰《だれ》もが知《し》りたくなる！ パワースポットの幸運《こううん》ガイド

2018年4月20日　第1刷

編　　者　世界《せかい》の不思議《ふしぎ》を楽《たの》しむ会《かい》

発行者　小澤源太郎

責任編集　株式会社プライム涌光

発行所　株式会社青春出版社

〒162-0056　東京都新宿区若松町12-1

電話 03-3203-2850（編集部）

03-3207-1916（営業部）

振替番号　00190-7-98602

印刷／大日本印刷

製本／ナショナル製本

ISBN 978-4-413-09695-9

ほんとうのあなたに出逢う ◆ 青春文庫

この一冊で面白いほど人が集まるSNS文章術

前田めぐる

思わず読みたくなる文章の書き方から、ネタ探し・目のつけドコロ、楽しく続けるためのSNS疲れ対策までまるごと伝授！

(SE-692)

謎が謎を呼ぶ！名画の深掘り

美術の秘密鑑定会［編］

《恋文》フェルメール、《睡蓮》モネ、《南天雄鶏図》伊藤若冲…。画家と作品に隠されたストーリーを巡る旅！

(SE-693)

新しい経済の仕組み「お金」っていま何が起きてる？

マネー・リサーチ・クラブ［編］

知らないところではじまっている〝お金革命〟。知らないとソンするポイントが5分でわかります！

(SE-694)

誰もが知りたくなる！パワースポットの幸運ガイド

世界の不思議を楽しむ会［編］

運を呼び込む！ 力がもらえる！神社、お寺、山、島、遺跡……〝聖なる場所〟の歩き方。

(SE-695)